웅진주니어

다산 천자문 익힘책 2 날마다 8자씩

초판 1쇄 발행 2008년 11월 21일
초판 13쇄 발행 2024년 3월 18일

글쓴이 이덕일
그린이 김선배
발행인 이봉주
도서개발실장 안경숙
편집인 이화정
책임편집 손자영

편집 윤은희, 이유선
디자인 AGI Society 이인영, 박정은, 박나래
마케팅 정지운, 박현아, 원숙영, 김지윤, 황지영
제작 신홍섭

펴낸곳 (주)웅진씽크빅
주소 경기도 파주시 회동길 20 (우) 10881
문의전화 031)956-7403(편집), 031)956-7569, 7570(마케팅)
홈페이지 www.wjjunior.co.kr 블로그 blog.naver.com/wj_junior
페이스북 facebook.com/wjbook 트위터 @new_wjjr 인스타그램 @woongjin_junior
출판신고 1980년 3월 29일 제406-2007-00046호 제조국 대한민국

ⓒ 이덕일 2008
ISBN 978-89-01-09020-7 74710 · 978-89-01-06138-2 (세트)

웅진주니어는 (주)웅진씽크빅의 유아·아동·청소년 도서 브랜드입니다.
저작권자와 맺은 특약에 따라 검인을 생략합니다.
이 책은 저작권법에 따라 보호받는 저작물이므로 무단전재와 무단복제를 금지하며
이 책 내용의 전부 또는 일부를 이용하려면 반드시 저작권자와 (주)웅진씽크빅의 서면동의를 받아야 합니다.

잘못 만들어진 책은 바꾸어 드립니다. 웅진주니어는 환경을 위해 콩기름 잉크를 사용합니다.
※주의 1_책 모서리가 날카로워 다칠 수 있으니 사람을 향해 던지거나 떨어뜨리지 마십시오.
    2_보관 시 직사광선이나 습기 찬 곳은 피해 주십시오.

정약용 선생님 다산 천자문 익힘책 2

글 이덕일 | 그림 김선배

웅진주니어

이렇게 공부하세요

공부한 날짜를 기록하세요. 꾸준히 한다면
한문 박사가 될 수 있을 거예요.

날마다 8자씩 익히세요. 부지런히 공부하면
한 달 남짓한 동안에 252자를 모두 익힐 수 있어요.

글자의 음을 3번씩 소리 내어 읽으며
4글자를 하나의 덩어리로 기억하세요.

4글자의 의미를 살펴보세요. 뜻이 통하는
글자들이라 함께 기억하기 쉬워요.

각 글자의 뜻과 소리, 부수,
총 획수가 나옵니다.

글자들을 써 보며 익히세요. 아래 칸의
글자 쓰는 순서를 보면서 따라 써 보세요.

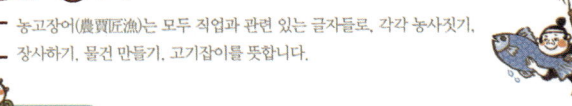

생활 속에서 이 글자들이 어떻게 쓰이는지
주어진 문장을 통해 알 수 있습니다. 각
글자의 음을 써 보세요.

공부할 글자들이 본권 『정약용 선생님 다산천자문2』 몇 쪽에 나오는지 알려 줍니다.

耕種收穫
경 종 수 확 『다산천자문』 2권 154쪽

경종수확(耕種收穫)은 모두 농사와 관련 있는 글자들로 '밭 갈고, 씨 뿌리고, 거둔다'는 뜻입니다. 일 년을 주기로 이뤄지는 농사일에 대해 알 수 있게 해 주는 말입니다.

 글자 풀이

耒(쟁기 뢰)+井(우물 정) 쟁기로 땅을 가지런하게 한다는 의미의 글자로, '밭 갈다'는 뜻입니다.

耕 耕 耕
밭갈 경 耒(쟁기 뢰), 총 10획   一 二 三 丰 丰 丰 耒 耒¹ 耒⁺ 耕

글자 풀이를 통해 각 글자가 어떻게 만들어졌는지 알 수 있어요.

*글자 결합 표시가 나오는 경우는 둘 이상의 글자들이 결합되어 새로 생긴 글자입니다.

禾(벼 화)+重(무거울 중) 벼 이삭의 무거운 부분을 나타낸 글자로, '씨'라는 뜻입니다.

種 種 種
씨, 종류 종 禾(벼 화), 총 14획   一 二 千 千 禾 禾 禾¹ 秆 秆 秆 秆 秆 種 種

*풀이 앞에 그림이 나오는 경우는 주로 모양을 본뜬 글자입니다.

攴(둥글월 문)+丩(붉을) 물건을 꼭 쥐고 있는 것을 나타낸 글자로, '거두다'라는 뜻입니다.

收 收 收
거둘 수 攴(둥글월 문), 총 6획   ㄴ 니 니 收 收 收

글자를 쓰는 순서입니다.

禾(벼 화)+隻(새 잡을 확) 잘 익은 벼를 수확하는 것을 나타낸 글자로, '거두다'라는 뜻입니다.

穫 穫 穫
거둘 확 禾(벼 화), 총 19획   一 二 千 千 禾 禾' 禾" 禾"' 穫 穫 穫 穫 穫 穫 穫 穫 穫 穫 穫

📗 생활 속 한자
● 쌀과 보리 중심의 전통적인 耕種(   ) 양식.   ● 일찍 收穫(   )할 수 있는 새로운 벼 품종의 개발.

| 耕種收穫 | 耕種收穫 | |

4글자를 모아서 써 보세요. 함께 쓰면서 기억하면 글자를 쉽게 익힐 수 있습니다.

1일째

년   월   일입니다.

仁인 義의 禮예 智지

『다산천자문』 2권 12쪽

인의예지(仁義禮智)는 유학 윤리의 가장 중심이 되는 네 가지 덕목입니다. 흔히 네 가지 덕이란 뜻에서 사덕(四德)이라고 부릅니다.

글자 풀이

人(사람 인)+二(두 이) 두 사람이 친하게 지냄을 의미하며, '어질다'는 뜻입니다.

仁	仁	仁						

어질, 어진이 **인**　亻(人)(사람 인), 총 4획　ノ　亻　仁　仁

羊(양 양)+我(나 아) 양을 잡아 신에게 바치는 모습을 나타낸 글자로, '옳다'라는 뜻입니다.

義	義	義						

옳을, 맺을 **의**　羊(양 양), 총 13획　丶　丷　ソ　ᄇ　羊　羊　差　羊　義　義　義

示(보일 시)+豊(감주 례) 감주를 신에게 바치고 복을 빈다는 뜻의 글자로, '예'를 뜻합니다.

禮	禮	禮						

예도 **례**　示(보일 시), 총 18획　一　二　亍　示　示　示　初　初　禅　禅　禮　禮　禮　禮　禮

矢(화살 시)+知(알 지) 화살을 놓고 빌어 신의 뜻을 안다는 글자로, '지혜롭다'는 뜻입니다.

智	智	智						

슬기 **지**　日(날 일), 총 12획　ノ　ト　七　矢　知　知　知　知　智　智

생활 속 한자

● 仁義禮智(　　　)는 사람이 마땅히 갖추어야 할 네 가지 성품을 말한다.

仁義禮智	仁義禮智	

孝효 悌제 忠충 信신

『다산천자문』 2권 14쪽

집에서는 부모님께 효도하고, 밖에서는 사람들을 공경하는 사람이 인자(仁者)입니다. 또 나라를 위해 충성하고 자신의 말을 믿음으로 실천하는 사람이지요.

글자 풀이

子(아들 자)+老(늙을 로) 노인을 부축한 아들의 모습을 나타낸 글자로, '효'를 뜻합니다.

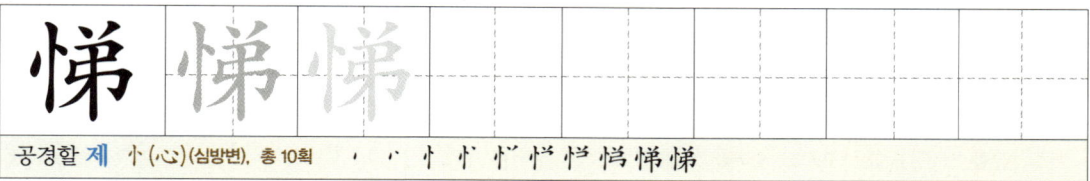

효도 **효** 子(아들 자), 총 7획   一 + 土 耂 才 孝 孝

忄(心)(심방변)+弟(아우 제) 형을 대하는 아우의 마음을 나타낸 글자로, '공경하다'는 뜻입니다.

공경할 **제** 忄(心)(심방변), 총 10획   ' ' 忄 忄 忄 忄 忄 悄 悌 悌

心(마음 심)+中(가운데 중) 어느 쪽에도 치우치지 않는 마음을 나타낸 글자로, '충성'을 뜻합니다.

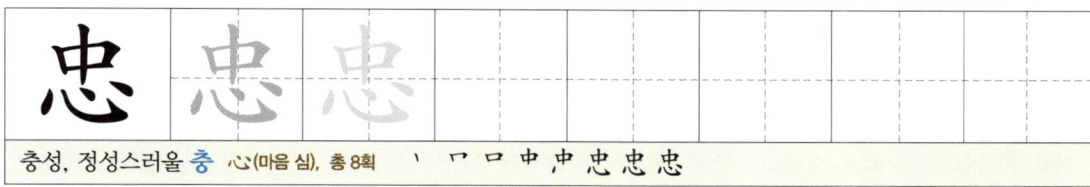

충성, 정성스러울 **충** 心(마음 심), 총 8획   ' 口 口 中 忠 忠 忠 忠

亻(人)(사람 인)+口(입 구)+辛(매울 신) 말을 잘못해 매운 벌을 받는다는 글자로, '믿다'라는 뜻입니다.

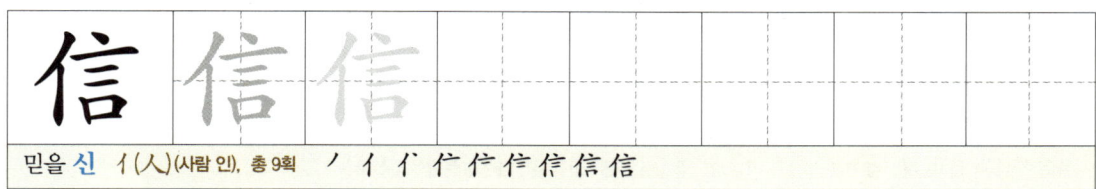

믿을 **신** 亻(人)(사람 인), 총 9획   ノ 亻 亻 亻 仁 信 信 信 信

생활 속 한자

● 집안에서는 **孝悌**(　　)에 밝아야 하고, 밖으로 나가서는 **忠信**(　　)에 밝아야 한다.

| 孝悌忠信 | 孝悌忠信 | |

년   월   일입니다.

慈자 良량 和화 睦목

『다산천자문』 2권 16쪽

보통 가정에서 어머니는 자애롭고, 아버지는 엄합니다. 모든 가족 구성원들이 서로를 사랑하고 아끼는 마음이 있으면 가정은 화목해집니다.

 **글자 풀이**

心(마음 심)+玆(불어날 자) 자식을 키우는 마음을 나타낸 글자로, '자애롭다'는 뜻입니다.

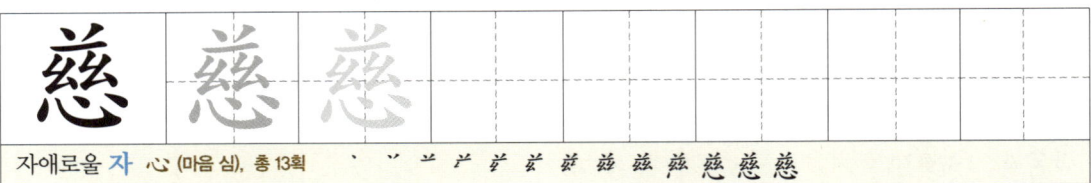

자애로울 자 心(마음 심), 총 13획

좋은 곡식을 골라내는 기구의 모양을 본뜬 글자로, '좋다'는 뜻입니다.

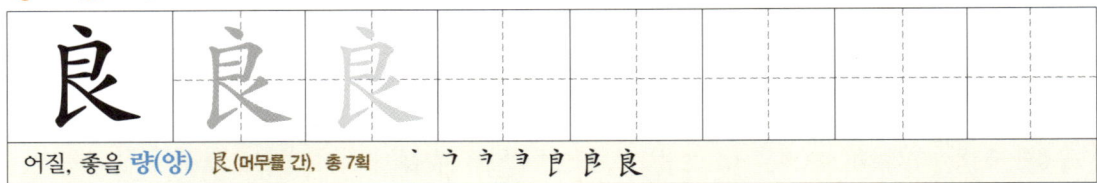

어질, 좋을 량(양) 艮(머무를 간), 총 7획

口(입 구)+禾(벼 화) 수확한 벼를 여럿이 나누어 먹는다는 뜻으로, '화목하다'는 뜻입니다.

화할, 화목할 화 口(입구), 총 8획

目(눈 목)+초(온화할 목) 온화한 눈의 모양을 나타낸 글자로, '화목하다'는 뜻입니다.

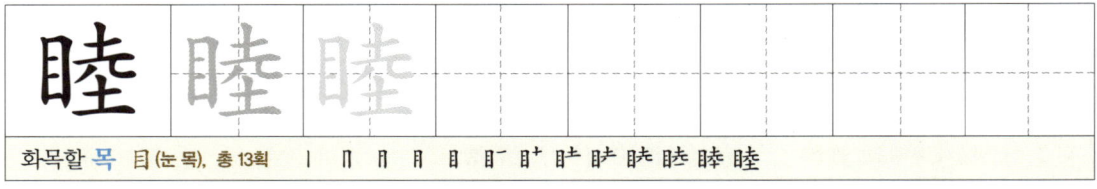

화목할 목 目(눈목), 총 13획

생활 속 한자

●慈愛(애)로운 미소.   憂良(우   ) 품종의 소고기.   ●和睦(   )한 우리집.

| 慈良和睦 | 慈良和睦 | |

是 시 非 비 善 선 惡 악

『다산천자문』 2권 18

사람은 어떤 일이 옳고(是) 그른지(非)를 판단하고 누가 착하고(善) 악한지(惡)를 잘 가릴 줄 알아야 합니다.

글자 풀이

早(새벽 조)+止(발 지) 숟가락을 본뜬 글자(早)와 지(止) 자를 합친 글자로, '옳다'는 뜻입니다.

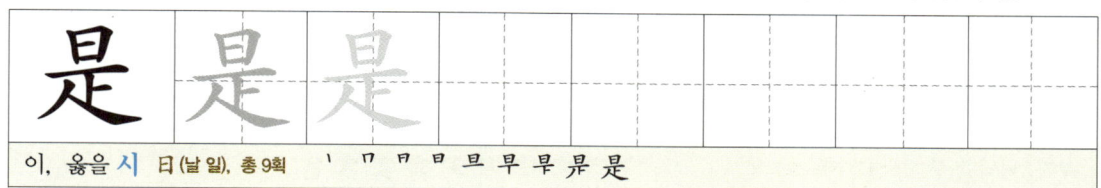

이, 옳을 **시**　日(날 일), 총 9획　丨 冂 日 旦 무 무 무 是 是

非 … 非　서로 등지고 있는 모습을 본뜬 글자로, '아니다'라는 뜻입니다.

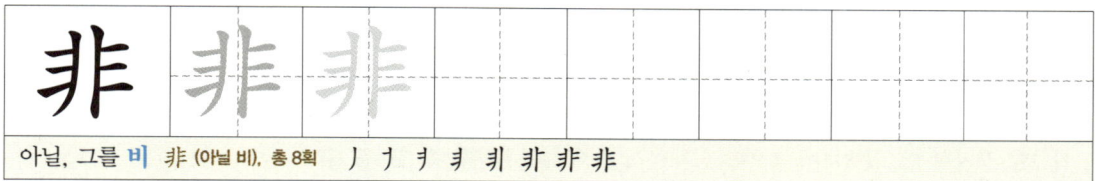

아닐, 그를 **비**　非 (아닐 비), 총 8획　丿 刂 刂 爿 爿 非 非 非

口(다퉈 말할 경)+羊(양 양) 양을 바쳐 행운을 바라는 모양을 나타낸 글자로, '착하다'는 뜻입니다.

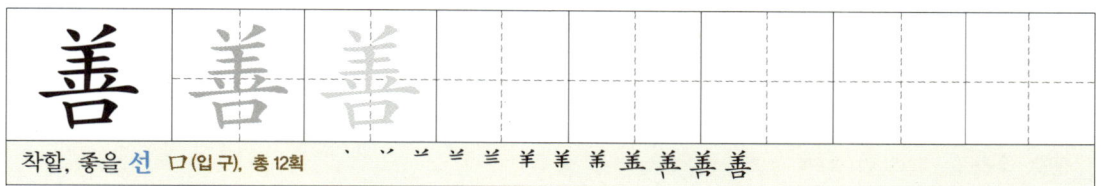

착할, 좋을 **선**　口(입 구), 총 12획

心(마음 심)+亞(버금 아) 옛 묘실을 본뜬 글자(亞)와 심(心) 자를 합친 글자로, '악하다'는 뜻입니다.

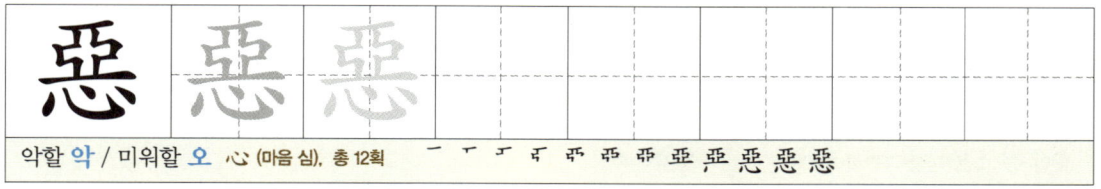

악할 **악** / 미워할 **오**　心(마음 심), 총 12획

생활 속 한자

● 사소한 일로 是非( )를 걸다.　● 善惡( )을 판단하다.

| 是非善惡 | 是非善惡 | |

3일째

년   월   일입니다.

富부 貧빈 吉길 凶흉
『다산천자문』 2권 20쪽

길흉(吉凶)은 모두 제사와 관련이 있는 글자들입니다. 제사를 지낼 때 음식을 잘 차려 정성껏 지내면 복을 받고 그렇지 않으면 흉한 일이 생긴다는 뜻이 담겨 있습니다.

글자 풀이

宀(갓머리)+畐(찰 복) 집에 술이 가득 찬 모양을 나타낸 글자로, '부자'를 뜻합니다.

富 부자, 넉넉할 **부**   宀(갓머리), 총 12획

貝(조개 패)+分(나눌 분) 재물을 나누는 것을 표현한 글자로, '가난하다'는 뜻입니다.

貧 가난할, 모자랄 **빈**   貝(조개 패), 총 11획

士(선비 사)+口(입 구) 도끼를 본뜬 글자(士)에 구(口) 자를 합친 글자로, '길하다'는 뜻입니다.

吉 길할, 좋을 **길**   口(입구), 총 6획

凶 제사 그릇에 담긴 음식이 상한 것을 나타낸 글자로, '흉하다'는 뜻입니다.

凶 흉할 **흉**   凵(위 터진 그릇 감), 총 4획

생활 속 한자

● 貧富(   )의 격차가 심하다.   ● 吉凶(   )을 점치다.

富貧吉凶   富貧吉凶

聖賢先哲

성 현 선 철   『다산천자문』 2권 22쪽

성현(聖賢)은 성인(聖人)과 현인(賢人)이란 뜻으로서 아주 현명한 사람을, 선철(先哲)은 앞서 살았던 훌륭한 철학자를 뜻합니다. 공자나 맹자 같은 분들을 가리키는 말이지요.

 **글자 풀이**

耳(귀 이)+口(입 구)+壬(맡을 임) 잘 듣는(耳) 사람(壬)을 나타낸 글자로, '성스럽다'는 뜻입니다.

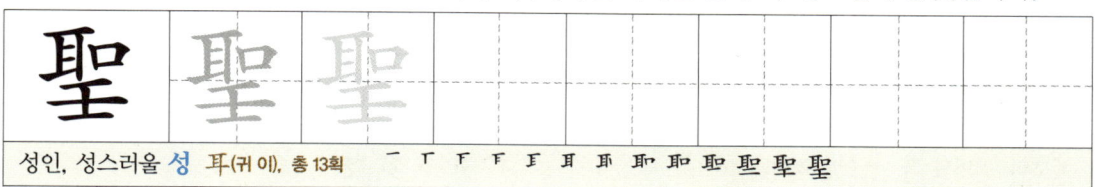

성인, 성스러울 **성** 耳(귀 이), 총 13획

貝(조개 패)+臤(단단할 견) 단단한 돈을 나타낸 글자로, '어질다'는 뜻입니다.

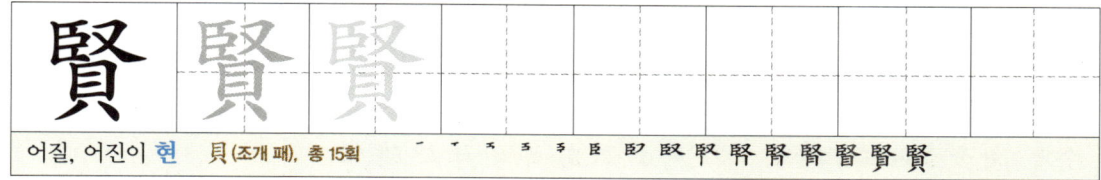

어질, 어진이 **현** 貝(조개 패), 총 15획

儿(어진사람인발)+之(갈 지) 먼저 내디딘 발을 나타낸 글자로, '앞서다'는 뜻입니다.

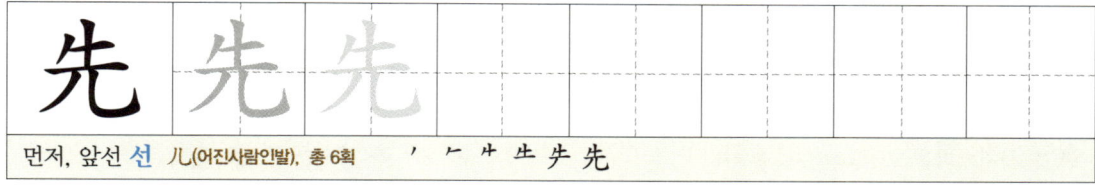

먼저, 앞선 **선** 儿(어진사람인발), 총 6획

口(입 구)+折(꺾을 절) 복잡하게 얽힌 말을 나눈다는 의미의 글자로, '밝다'는 뜻입니다.

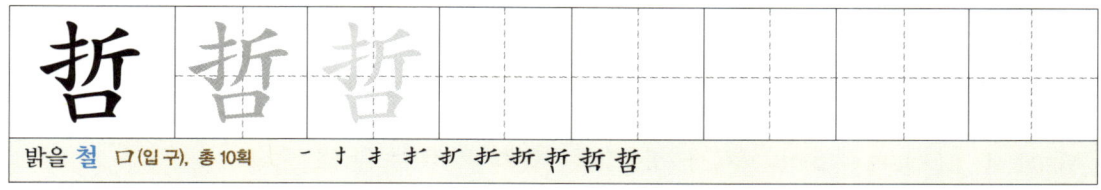

밝을 **철** 口(입 구), 총 10획

생활 속 한자

● 聖賢( )의 말씀을 따라 행동하다. ● 先哲( )은 어질고 사리에 밝은 사람을 말한다.

| 聖賢先哲 | 聖賢先哲 | |

4일째

년   월   일입니다.

英영 雄웅 豪호 傑걸
『다산천자문』 2권 24쪽

예전에는 주로 남자들이 전쟁에 나가 싸웠기 때문에 싸움에서 이긴 남성을 영웅이라고 불렀습니다. 하지만 지금은 여성 영웅도 많답니다.

글자 풀이

艹(艸)(초두)+央(가운데 앙) 가운데 있는 빛나는 꽃을 나타낸 글자로, '꽃부리'를 뜻합니다.

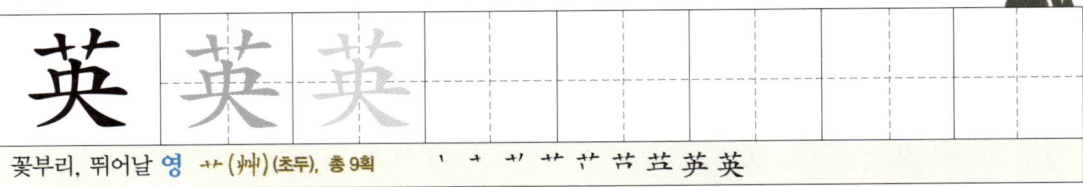

꽃부리, 뛰어날 영 艹(艸)(초두), 총 9획

隹(새 추)+厷(넓힐 굉) 날개가 넓은 새를 나타낸 글자로, '수컷'을 뜻합니다.

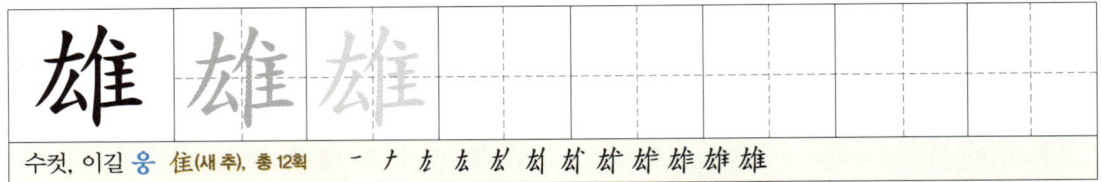

수컷, 이길 웅 隹(새 추), 총 12획

豕(돼지 시)+高(높을 고) 높고 뻣뻣한 갈기를 가진 산돼지를 나타낸 글자로, '호걸'을 뜻합니다.

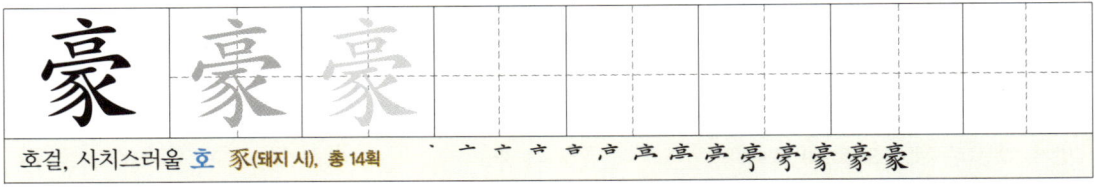

호걸, 사치스러울 호 豕(돼지 시), 총 14획

亻(人)(사람 인)+桀(횃대 걸) 높은 곳에 오른 사람을 나타낸 글자로, '뛰어나다'는 뜻입니다.

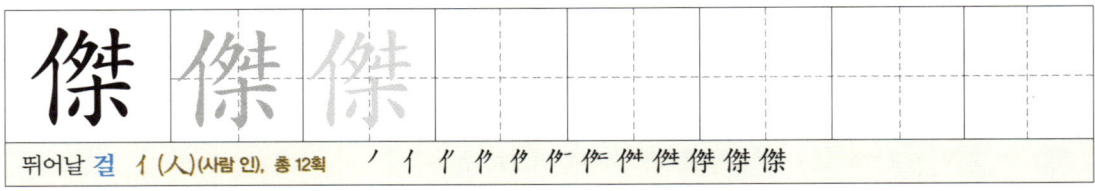

뛰어날 걸 亻(人)(사람 인), 총 12획

생활 속 한자

● 천하의 英雄豪傑(   )도 항복하지 않을 수 없었다.

| 英雄豪傑 | 英雄豪傑 | |

春춘 夏하 秋추 冬동

『다산천자문』 2권 30쪽

춘하추동(春夏秋冬)은 봄, 여름, 가을, 겨울을 가리키며 1년을 뜻합니다. 춘추(春秋)라고 줄여 쓰기도 하는데 이것도 1년이란 뜻입니다. 춘추에는 나이라는 뜻도 있답니다.

 **글자 풀이**

日(날 일)+艹(초두)+屯(진칠 둔) 풀이 빛을 받아 피는 모양을 나타낸 글자로, '봄'을 뜻합니다.

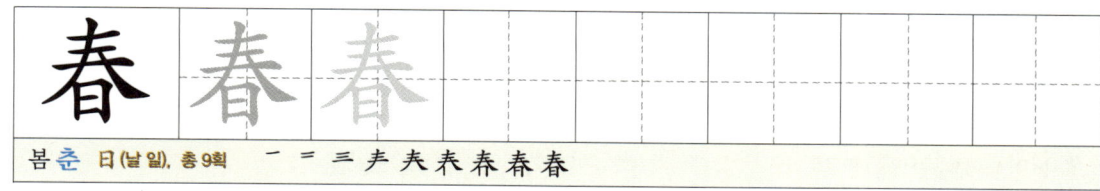

봄 춘 日(날 일), 총 9획 一 = 三 声 夫 夫 春 春 春

頁(머리 혈)+臼(절구 구)+夂(천천히걸을 쇠) 관을 쓰고 춤추는 모양을 나타낸 글자로, '여름'을 뜻합니다.

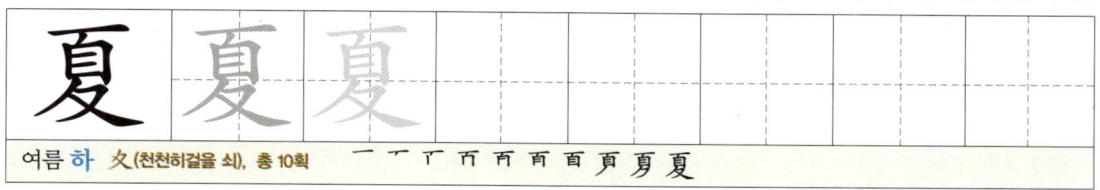

여름 하 夂(천천히걸을 쇠), 총 10획 一 一 丆 丙 页 頁 頁 夏 夏

禾(벼 화)+火(불 화) 곡식을 거두고 점을 치는 계절이란 의미의 글자로, '가을'을 뜻합니다.

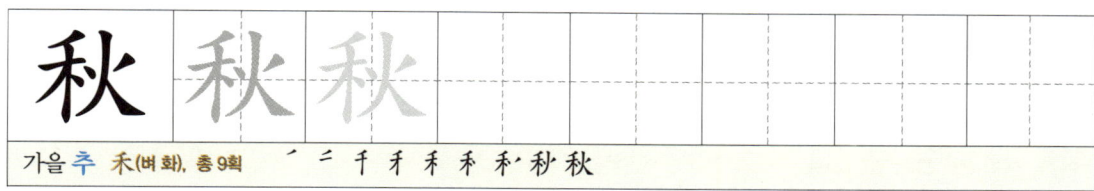

가을 추 禾(벼 화), 총 9획 一 二 千 千 禾 禾 禾 秋 秋

日(날 일)+夂(뒤쳐올 치) 실의 매듭을 본뜬 글자(夂)에 일(日) 자를 합친 글자로, '겨울'이란 뜻입니다.

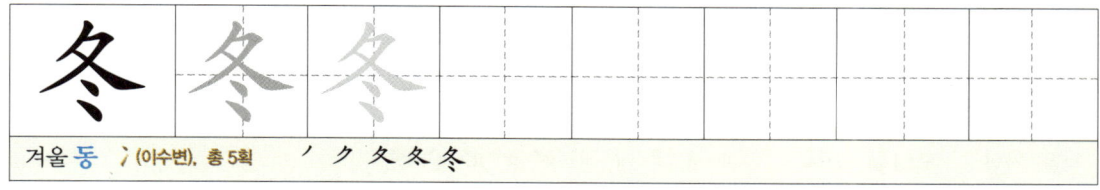

겨울 동 冫(이수변), 총 5획 丿 ク 夂 冬 冬

생활 속 한자

● 자연은 春夏秋冬(　　　) 그 색을 달리한다.

| 春夏秋冬 | 春夏秋冬 | |

5일째

년   월   일입니다.

歲세 時시 早조 晚만   『다산천자문』 2권 32쪽

세시(歲時)는 일 년 중 여러 절기나 달을, 세시풍속(歲時風俗)은 일 년 열두 달의 풍속을 뜻합니다. 우리나라는 예부터 때마다 즐기는 놀이와 음식이 다양했지요.

글자 풀이

步(걸음 보)+戌(도끼 월) 도끼로 제물을 잡아 바치는 제사가 돌아온다는 의미의 글자로, '해'를 뜻합니다.

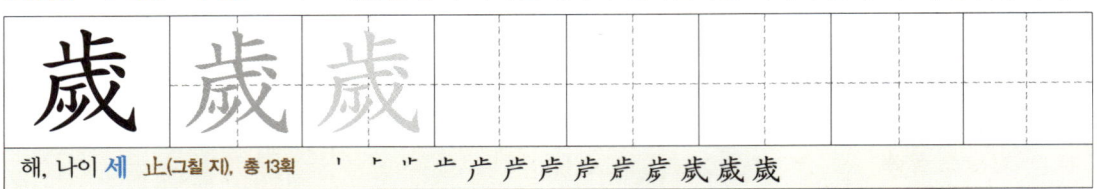

해, 나이 **세**   止(그칠 지), 총 13획

日(날 일)+寺(마을 사) 마을에서 각 절기마다 다양한 풍속을 지낸다는 의미의 글자로, '때'를 뜻합니다.

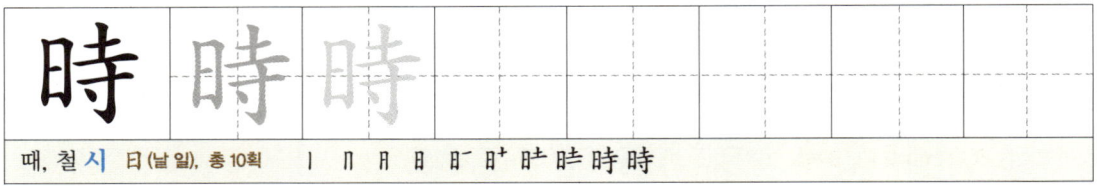

때, 철 **시**   日(날 일), 총 10획

日(날 일)+甲(첫째천간 갑) 사람 머리를 본뜬 글자(甲)에 일(日) 자를 합친 글자로, '이르다'는 뜻입니다.

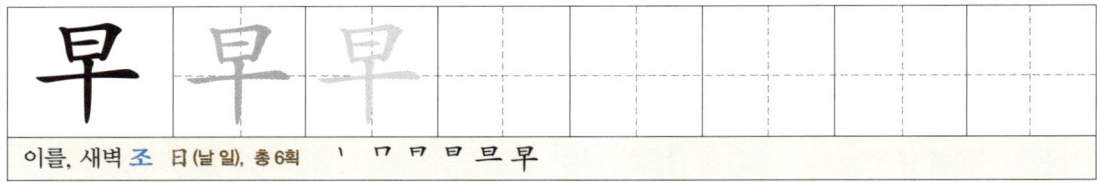

이를, 새벽 **조**   日(날 일), 총 6획

日(날 일)+免(벗어날 면) 해가 빠져나가 버린 때를 나타낸 글자로, '늦다'는 뜻입니다.

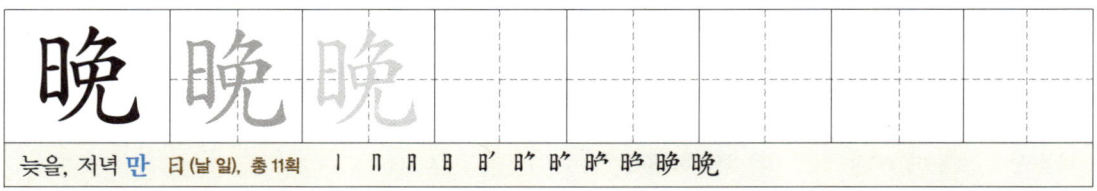

늦을, 저녁 **만**   日(날 일), 총 11획

생활 속 한자

● 연날리기는 정월에 하던 歲時(   ) 놀이이다.   ● 효도에는 시간의 早晚(   )이 없다.

| 歲時早晚 | 歲時早晚 | |

寒한 署서 溫온 凉량

『다산천자문』 2권 34쪽

한서온량(寒暑溫凉)은 기후의 덥고 차가움을 나타내는 말입니다. '한서'는 차갑고 덥다는 뜻으로 겨울과 여름의 기후를, '온량'은 따뜻하고 시원하다는 뜻으로 봄과 가을의 기후를 가리킵니다.

 **글자 풀이**

宀(갓머리)+艸(풀 요)+人(사람 인)+冫(얼음 빙) 추위에 떠는 사람 모양으로, '차다'는 뜻입니다.

| 寒 | 寒 | 寒 | | | | | | | |

찰 **한** 宀(갓머리), 총 12획   丶 宀 宀 宀 宀 宇 寒 寒 寒 寒

日(날 일)+者(놈 자) 섶을 태우는 모양을 본뜬 글자(者)에 일(日) 자를 합친 글자로, '덥다'는 뜻입니다.

| 署 | 署 | 署 | | | | | | | |

더울, 여름 **서** 日(날 일), 총 13획   丶 口 日 日 甼 甼 昮 昇 暑 暑 暑

氵(水)(삼수변)+昷(따뜻할 온) 따뜻한 강의 이름을 나타낸 글자로, '따뜻하다'는 뜻입니다.

| 溫 | 溫 | 溫 | | | | | | | |

따뜻할, 부드러울 **온** 氵(水)(삼수변), 총 13획   丶 丶 氵 氵 氵 汩 汩 泗 渭 溫 溫 溫

冫(이수변)+京(서울 경) 서울에 흐르는 좋은 물을 나타낸 글자로, '서늘하다'는 뜻입니다.

| 凉 | 凉 | 凉 | | | | | | | |

서늘할, 쓸쓸할 **량(양)** 冫(이수변), 총 10획   丶 冫 冫 广 庐 泸 泸 凉 凉

생활 속 한자

●寒署(   )의 차가 심한 지방. ●피부에 좋은 溫泉(천) 목욕. ●마음이 외로워지는 凉秋(추)

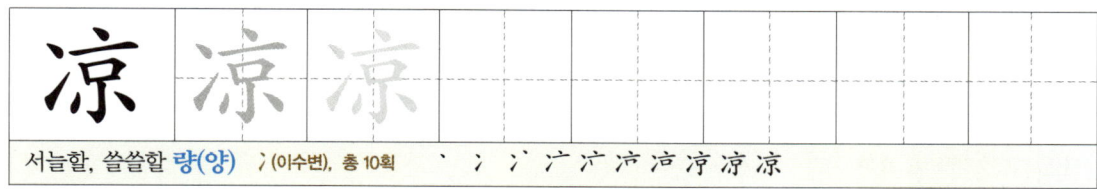

년   월   일입니다.

晝夜朝夕
주 야 조 석

『다산천자문』 2권 36쪽

하룻동안의 시간을 주야(晝夜)와 조석(朝夕)이라고 합니다. 주야는 낮과 밤을, 조석은 아침과 저녁을 말합니다. 조석은 아침밥과 저녁밥을 뜻하기도 하지요.

글자 풀이

日(날 일)+晝(가를 획) 해가 떠 있는 시간을 밤과 구분해 나타낸 글자로, '낮'을 뜻합니다.

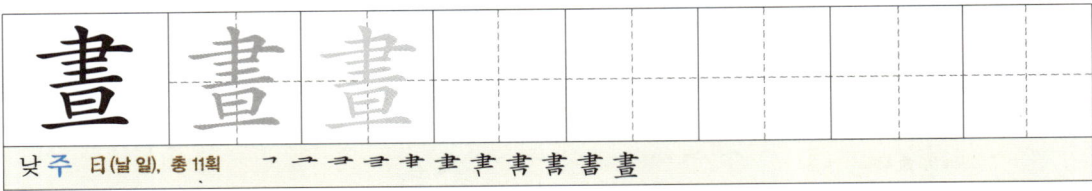

낮 **주** 日(날 일), 총 11획

夕(저녁 석)+亦(또한 역) 저녁보다 더 깊이 어두워지는 때를 나타낸 글자로, '밤'을 뜻합니다.

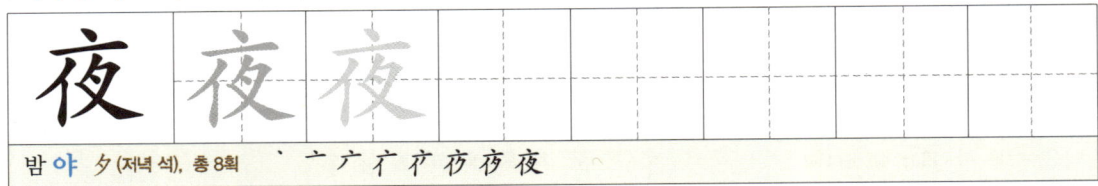

밤 **야** 夕(저녁 석), 총 8획

艸(풀 요)+日(날 일) 풀밭에 해가 뜨는 모양을 나타낸 글자로, '아침'을 뜻합니다.

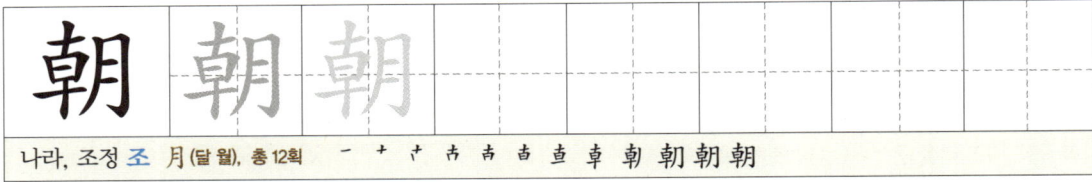

나라, 조정 **조** 月(달 월), 총 12획

 달이 반쯤 보이는 모양을 본뜬 글자로, '저녁'을 뜻합니다.

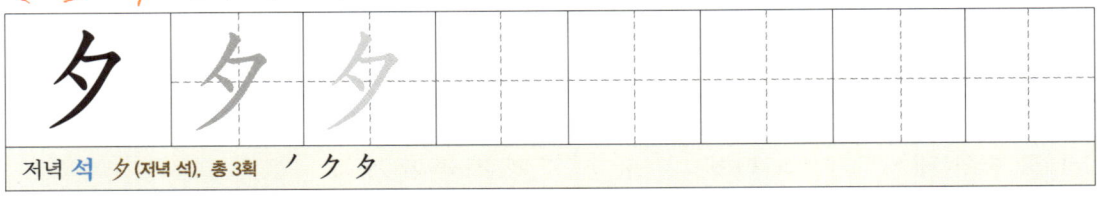

저녁 **석** 夕(저녁 석), 총 3획

생활 속 한자

●그는 晝夜(　　)로 사색에 빠져 나날을 보냈다. ●그는 매일 부모님께 朝夕(　　)으로 문안을 드린다.

| 晝夜朝夕 | 晝夜朝夕 | |

期기 昨작 今금 翌익

『다산천자문』 2권 38쪽

기작금익(期昨今翌)은 모두 시간과 관련이 있는 말입니다. 기(期) 자는 기약한다는 뜻이고, 작금익(昨今翌)은 각각 어제, 오늘, 내일이란 뜻입니다.

글자 풀이

日(날 일)+其(그 기) 나눠진 시간을 나타낸 글자로, '기약하다'는 뜻입니다.

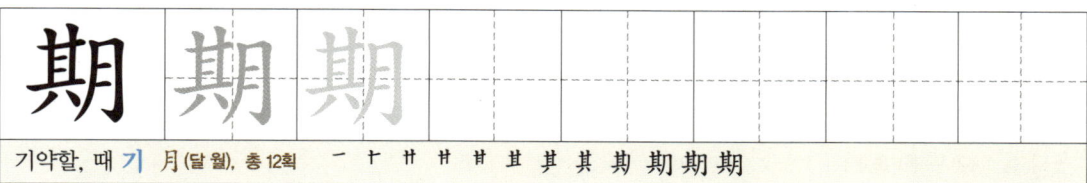

기약할, 때 기   月(달월), 총 12획

日(날 일)+乍(가버릴 작) 이미 가 버린 때를 나타낸 글자로, '어제'를 뜻합니다.

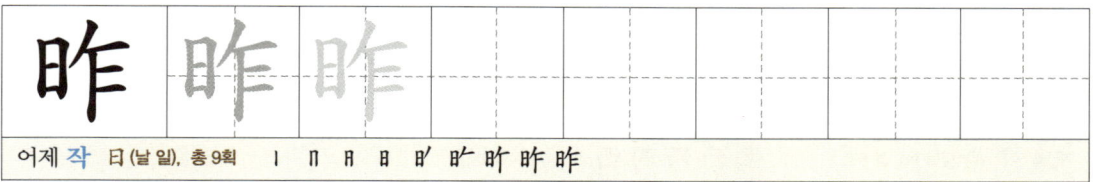

어제 작   日(날일), 총 9획

A···A···今 어떤 것을 감싼 모양을 나타낸 글자로, '지금'을 뜻합니다.

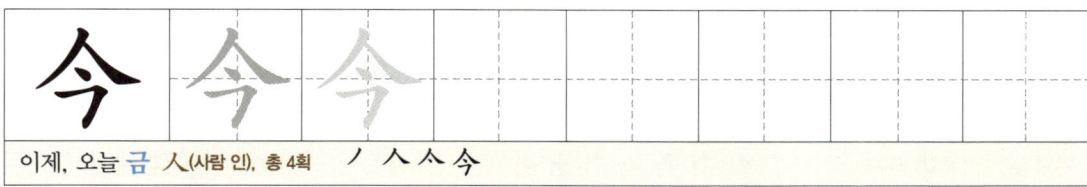

이제, 오늘 금   人(사람 인), 총 4획

羽(깃 우)+立(설 립) 날개짓하며 서는 모양을 나타낸 글자로, '다음날'을 뜻합니다.

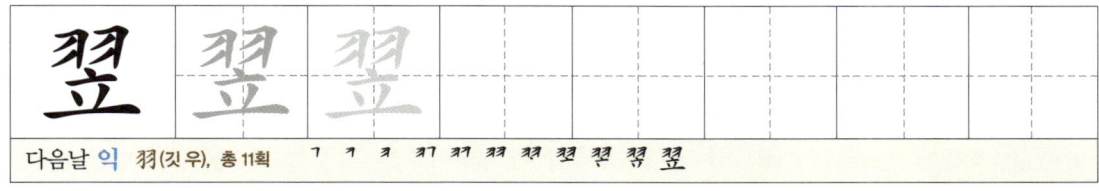

다음날 익   羽(깃 우), 총 11획

생활 속 한자

● 다시 만날 것을 期約(약)하고 헤어지다. ● 昨今翌(   )은 어제, 오늘 그리고 내일을 말한다.

| 期昨今翌 | 期昨今翌 | |

7일째

년　　월　　일입니다.

東동 西서 南남 北북

『다산천자문』 2권 40쪽

동서남북(東西南北)은 모두 방위, 즉 어떠한 방향을 가리키는 말입니다. 동(東)은 동녘, 서(西)는 서녘, 남(南)은 남녘, 북(北)은 북녘을 나타냅니다.

글자 풀이

해가 뜬 후 움직이는 농기구의 모양을 본뜬 글자로, '동쪽'을 뜻합니다.

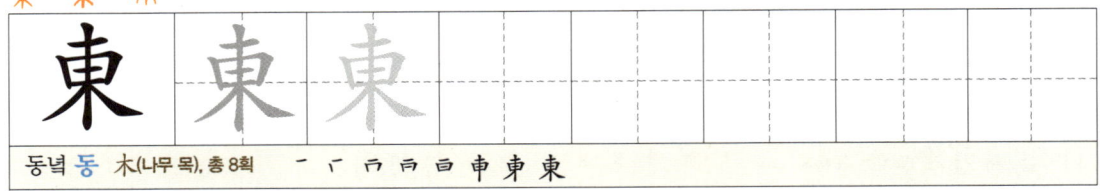

동녘 **동** 木(나무 목), 총 8획

술 따위를 거르는 도구를 본뜬 글자로, '서쪽'을 뜻합니다.

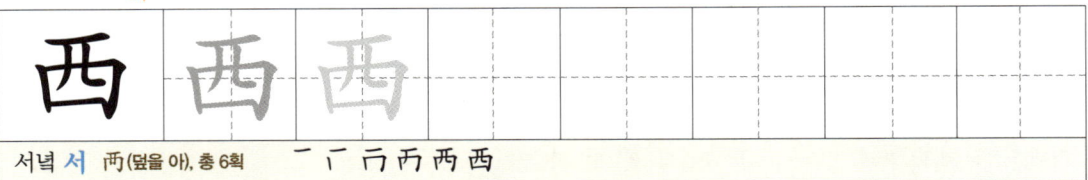

서녘 **서** 襾(덮을 아), 총 6획

봄이 되어 싹이 트도록 부는 바람을 나타낸 글자로, '남쪽'을 뜻합니다.

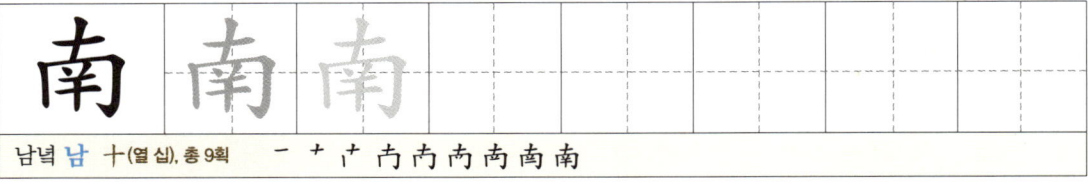

남녘 **남** 十(열 십), 총 9획

人(사람 인)+匕(비수 비) 두 사람이 비수를 품고 등을 돌린 모양을 나타낸 글자로, '북쪽'을 뜻합니다.

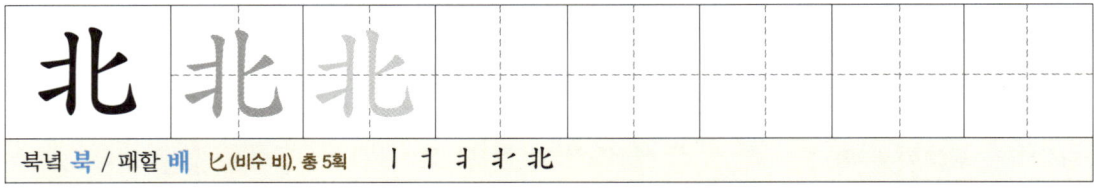

북녘 **북** / 패할 **배** 匕(비수 비), 총 5획

생활 속 한자

● 東西南北(　　　)을 다 돌아다녀 봐도 내 고향만한 데가 없다.

| 東西南北 | 東西南北 | |

前 전 後 후 左 좌 右 우

『다산천자문』 2권 42쪽

전후좌우(前後左右)는 한 사람이나 사물을 기준으로 볼 때 주변의 위치를 가리킵니다. 전후(前後)는 앞과 뒤, 좌우(左右)는 왼쪽과 오른쪽이라는 뜻입니다.

글자 풀이

行(다닐 행)+止(발 지)+舟(배 주) 배를 타고 나아가는 모양을 나타낸 글자로, '앞'을 뜻합니다.

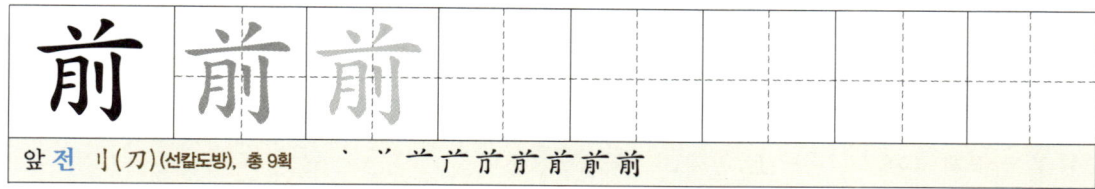

앞 전 刂(刀)(선칼도방), 총 9획   ` ` ` 一 二 广 产 首 首 前 前

彳(두인변)+幺(실 요)+夊(천천히 걸을 쇠) 걸을 때 실이 엉키는 모양을 나타낸 글자로, '뒤'를 뜻합니다.

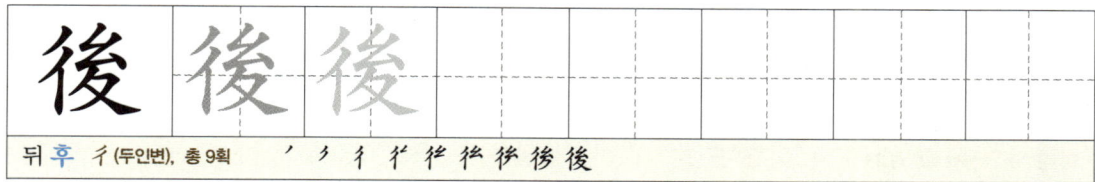

뒤 후 彳(두인변), 총 9획   ` ` 丿 彳 彳 彳 彳 後 後 後

ナ(왼 좌)+工(장인 공) 공구를 쥔 왼손을 나타낸 글자로, '왼편'을 뜻합니다.

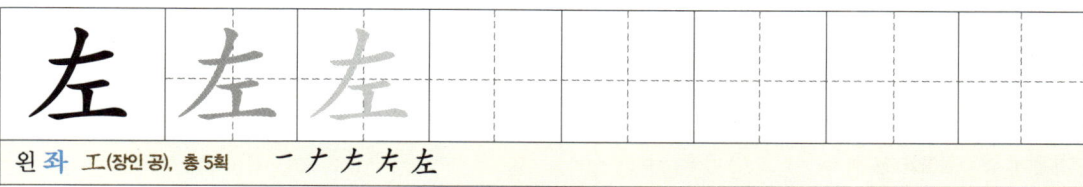

왼 좌 工(장인 공), 총 5획   一 ナ 广 左 左

口(입 구)+又(또 우) 신이 손을 뻗어 사람을 돕는 모양을 나타낸 글자로, '오른편'을 뜻합니다.

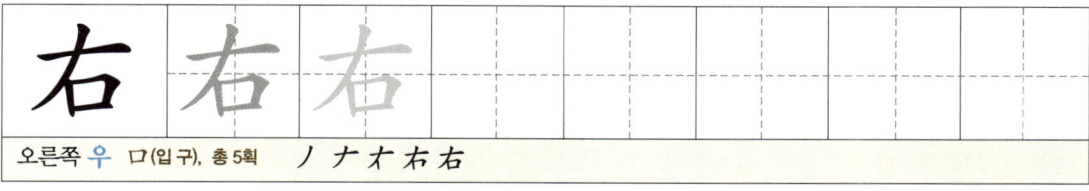

오른쪽 우 口(입구), 총 5획   丿 ナ ナ 右 右

생활 속 한자

● 군사들은 前後左右(   )로 왕을 호위하고 안전한 곳을 찾아 길을 떠났다.

前後左右	前後左右	

년   월   일입니다.

上下中間
상 하 중 간   『다산천자문』 2권 44쪽

상하(上下)는 위와 아래라는 뜻으로, 보통 하늘과 땅을 나타내기도 합니다. 중간(中間)은 가운데를 뜻하며, 상하와 좌우(左右) 사이에 중간이 있습니다.

글자 풀이

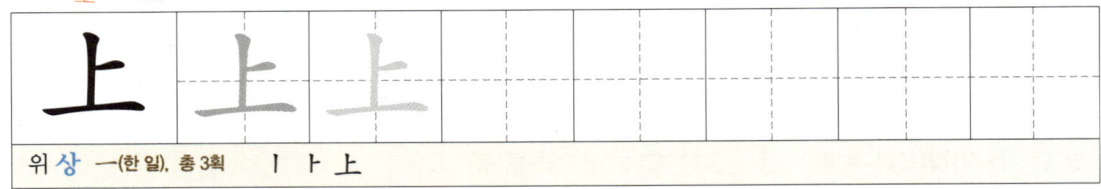

기준선 위에 짧은 가로획을 그은 것으로, '위'를 뜻합니다.

위 상 一(한 일), 총 3획   丨 卜 上

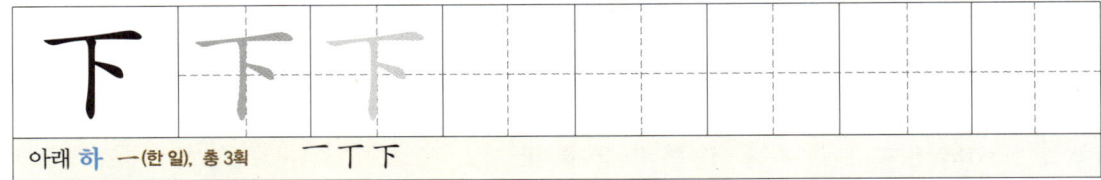

기준선 위에 짧은 세로획을 그은 것으로, '아래'를 뜻합니다.

아래 하 一(한 일), 총 3획   一 丁 下

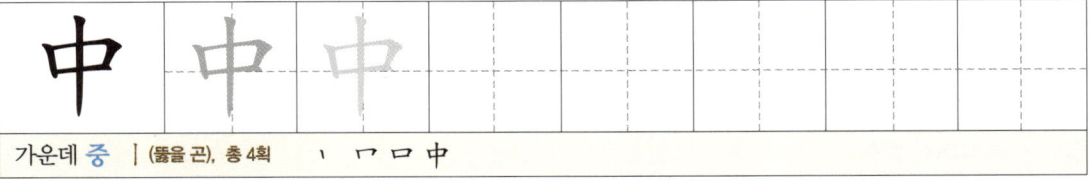

하나의 선으로 꿰뚫는 모양을 나타낸 글자로, '가운데'를 뜻합니다.

가운데 중 丨(뚫을 곤), 총 4획   丨 ㅁ ㅁ 中

門(문 문)+日(날 일) 문을 닫아도 해가 새어 드는 모양을 나타낸 글자로, '사이'를 뜻합니다.

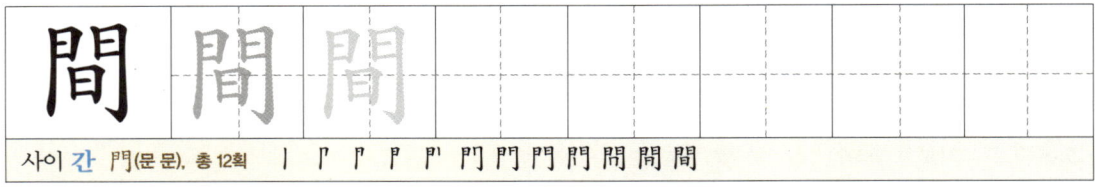

사이 간 門(문 문), 총 12획   丨 丨 厂 尸 尸 尸 門 門 門 問 間 間

생활 속 한자

● 上下(   )를 막론하고 모두가 회사를 살리는 데 앞장섰다.   ● 이야기를 中間(   )에서 가로채다.

| 上下中間 | 上下中間 | |

登등 降강 仰앙 俯부

『다산천자문』2권 46쪽

등강(登降)과 앙부(仰俯)는 서로 반대되는 뜻을 가진 한자들끼리 묶인 말로, 등강은 오르고 내린다는 뜻이고 앙부는 우러르고 숙인다는 뜻입니다.

 **글자 풀이**

癶(필발머리)+豆(콩 두) 발을 본뜬 글자(癶)와 손을 본뜬 글자(豆)를 합친 글자로, '오르다'는 뜻입니다.

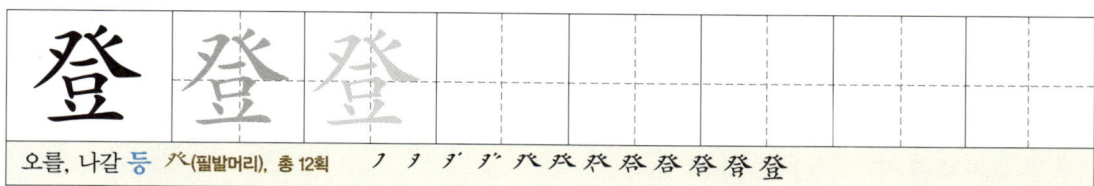

오를, 나갈 등 　癶(필발머리), 총 12획 　丿 ㄱ ㄱ' 癶 癶 癶 癶 癶 癶 登 登 登

阝(좌부방)+夅(내릴 항) 사다리를 타고 내려가는 모양을 나타낸 글자로, '내리다'는 뜻입니다.

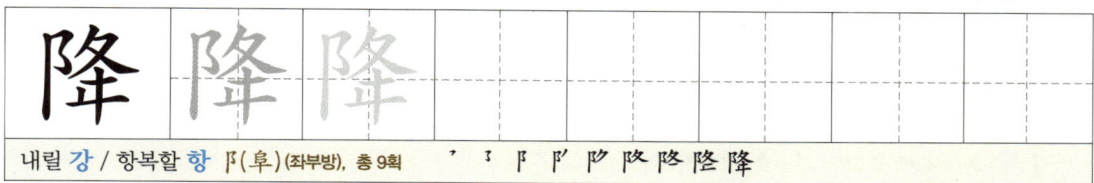

내릴 강 / 항복할 항　阝(阜)(좌부방), 총 9획　' 丨 阝 阝' 阝ク 陊 陊 降 降

亻(사람 인)+卬(바랄 앙) 사람이 무엇을 바란다는 뜻의 글자로, '우러르다'는 뜻입니다.

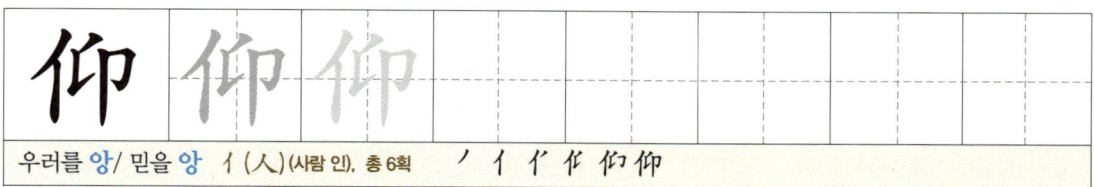

우러를 앙 / 믿을 앙　亻(人)(사람 인), 총 6획　丿 亻 亻' 亻ク 仰 仰

亻(사람 인)+府(곳집 부) 사람이 고개를 숙인 모습을 나타낸 글자로, '숙이다'는 뜻입니다.

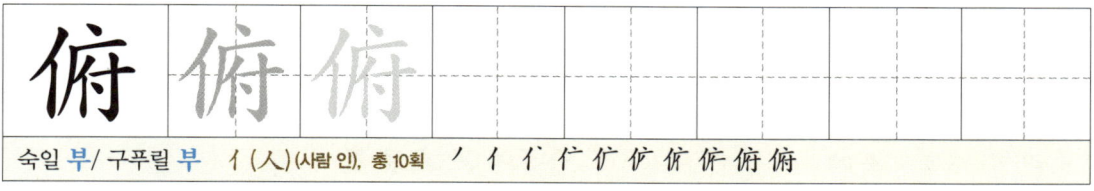

숙일 부 / 구푸릴 부　亻(人)(사람 인), 총 10획　丿 亻 亻' 亻广 亻广 亻广 俯 俯 俯

생활 속 한자

● 登山(　산)하기 좋은 날. ● 높은 가르침을 仰望(　망)하다. ● 俯伏(　복)하며 降伏(　복)하다.

| 登降仰俯 | 登降仰俯 | |

9일째

년   월   일입니다.

内 내 外 외 表 표 裏 리

『다산천자문』 2권 48쪽

내외(內外)와 표리(表裏)는 서로 반대되는 뜻을 가지고 있습니다. 내외는 안과 밖이란 뜻이고, 표리는 겉과 속이란 뜻입니다.

글자 풀이

冂(멀 경)+入(들 입) 집 모양을 본뜬 글자(冂)에 입(入) 자를 합친 글자로, '안'을 뜻합니다.

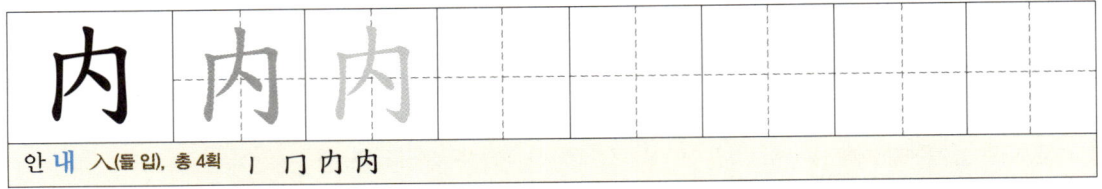

안 **내** 入(들 입), 총 4획   丨 冂 内 内

卜(점 복)+夕(저녁 석) 점을 치려고 거북 등을 긁는 모양을 나타낸 글자로, '밖'을 뜻합니다.

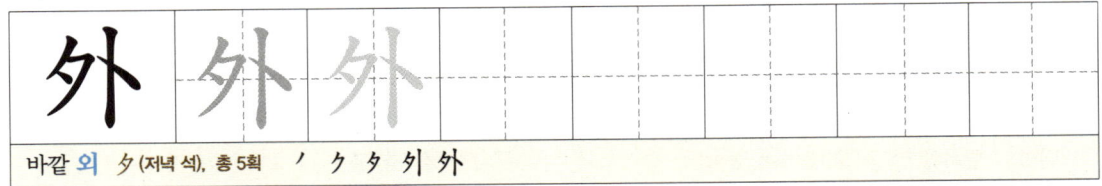

바깥 **외** 夕(저녁 석), 총 5획   丿 ク 夕 外 外

衣(옷 의)+毛(털 모) 털로 만든 외투를 나타낸 글자로, '겉'을 뜻합니다.

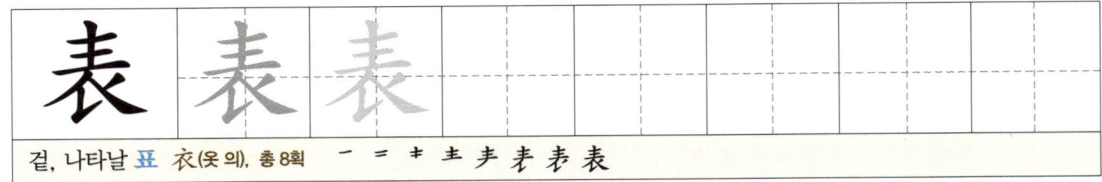

겉, 나타날 **표** 衣(옷 의), 총 8획   一 二 十 土 丰 耒 表 表

衣(옷 의)+里(마을 리) 옷 안감의 솔기가 보이는 것을 나타낸 글자로, '안'을 뜻합니다.

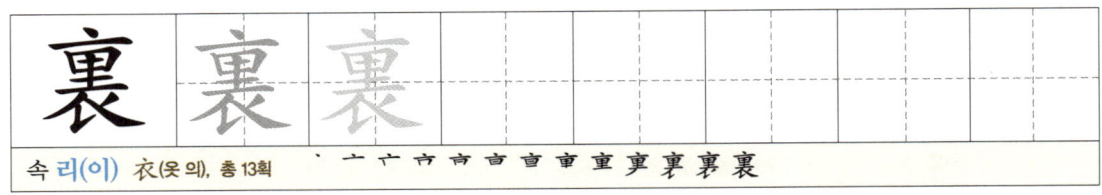

속 **리(이)** 衣(옷 의), 총 13획

생활 속 한자

● 경기장 內外(   )를 가득 메운 관중들.   ● 表裏(   )가 일치하지 않는 말과 행동.

内外表裏	内外表裏	

22

彼피 此차 處처 所소

『다산천자문』 2권 50쪽

피차(彼此)는 저것과 이것이란 뜻이고, 처소(處所)는 머무는 곳이라는 뜻입니다. 피차처소는 이곳, 저곳을 가르킬 때 사용할 수 있는 말입니다.

 **글자 풀이**

彳(두인변)+皮(가죽 피) 가죽의 물결처럼 멀리 간 곳을 나타낸 글자로, '저쪽'을 뜻합니다.

彼 彼 彼

저, 그 **피** 彳(두인변), 총 8획   ノ ノ 彳 彳 彳 彷 彼 彼

止(그칠 지)+匕(비수 비) 발을 조금 벌려 딛은 곳을 나타낸 글자로, '이쪽'을 뜻합니다.

此 此 此

이, 이에 **차** 止(그칠 지), 총 6획   丨 ㅏ ㅏ 止 此 此

虍(범호밑)+処(앉을 처) 의자에 걸터앉아 있는 모양을 나타낸 글자로, '곳'을 뜻합니다.

處 處 處

곳, 살 **처** 虍(범호밑), 총 11획   ノ ト ト 广 卢 卢 虍 虎 處 處

戶(집 호)+斤(도끼 근) 집의 문 앞에 놓인 도끼를 나타낸 글자로, '곳'을 뜻합니다.

所 所 所

바, 곳 **소** 戶(지게 호), 총 8획   ノ ㄱ ㄱ 戶 戶 所 所 所

생활 속 한자

● 彼此(　　)의 처지를 생각하여 우리 말조심합시다.　● 회사와 가까운 곳에 處所(　　)를 마련했다.

| 彼此處所 | 彼此處所 | |

23

10일째

년   월   일입니다.

往_왕 來_래 行_행 止_지   『다산천자문』 2권 52쪽

모두 사람이 외부 활동을 할 때 취하는 동작을 말합니다. 왕래(往來)는 가고 오는 것을 뜻하고, 행지(行止)는 가는 것과 정지하는 것을 뜻합니다.

글자 풀이

止(갈 지)+王(왕 왕) 왕처럼 크게 간다는 의미의 글자로, '가다'라는 뜻입니다.

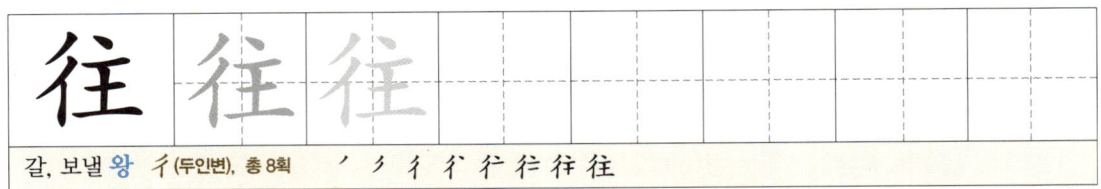

갈, 보낼 왕 彳(두인변), 총 8획

夾 → 來 → 來 호밀 모양을 본뜬 글자로, '오다'라는 뜻입니다.

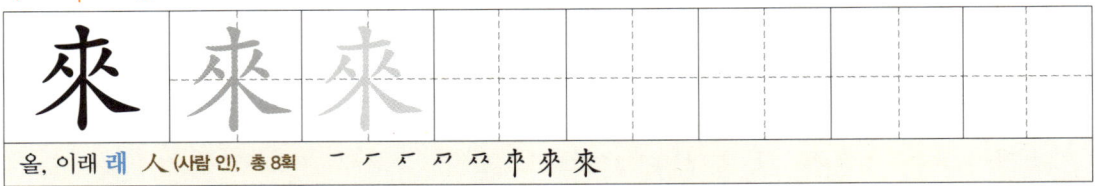

올, 이래 래 人(사람 인), 총 8획

 잘 정리된 네거리를 본뜬 글자로, '다니다'라는 뜻입니다.

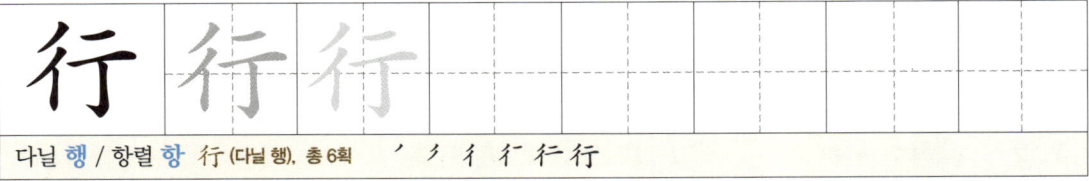

다닐 행 / 항렬 항 行(다닐 행), 총 6획

 멈춰 서 있는 발의 모양을 본뜬 글자로, '그치다'라는 뜻입니다.

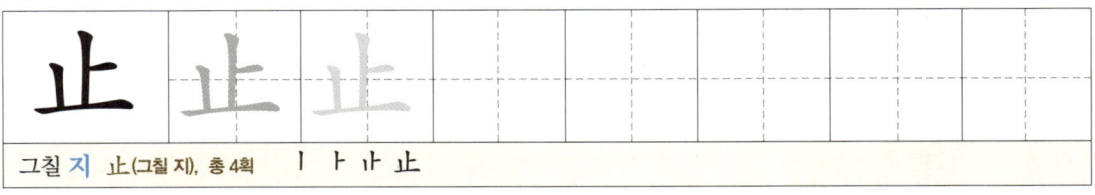

그칠 지 止(그칠 지), 총 4획

생활 속 한자

● 교통의 중심지는 사람의 往來(   )가 빈번하다.   ● 行止(   )는 '행동거지'를 뜻하기도 한다.

往來行止   往來行止

黑흑 白백 玄현 素소

『다산천자문』 2권 58쪽

검을 흑(黑)은 주로 나쁜 의미로 쓰이지만, 검을 현(玄)은 좋은 의미로 쓰입니다. 흰 백(白)과 같은 뜻을 가진 흴 소(素)는 소박하다는 의미로도 사용되지요.

글자 풀이

검댕이가 묻은 굴뚝을 나타낸 글자로, '검다'는 뜻입니다.

검을 흑　黑(검을 흑), 총 12획

흰 뼈의 모양을 나타낸 글자로, '희다'는 뜻입니다.

흰 백　白(흰 백), 총 5획

검은 실이 묶여 있는 모양을 나타낸 글자로, '검다'는 뜻입니다.

검을, 오묘할 현　玄(검을 현), 총 5획

糸(실 사)+昔(옛 석) 누에에서 갓 뽑아낸 흰 실을 나타낸 글자로, '희다'는 뜻입니다.

본디, 흴 소　糸(실 사), 총 10획

생활 속 한자

● 黑白(　)이 조화를 이루다.　● 玄素(　)는 이별을 비유적으로 이르는 말이기도 하다.

黑白玄素　黑白玄素

11일째

년   월   일입니다.

青(청) 紅(홍) 黃(황) 綠(록)

『다산천자문』 2권 60쪽

청홍황록(青紅黃綠)은 모두 색깔을 표현하는 말입니다. 청(青)은 푸른색, 홍(紅)은 붉은색, 황(黃)은 노란 색, 녹(綠)은 녹색을 의미합니다.

글자 풀이

丹(물감 단)+生(날 생) 푸른 풀의 빛깔을 나타낸 글자로, '푸르다'는 뜻입니다.

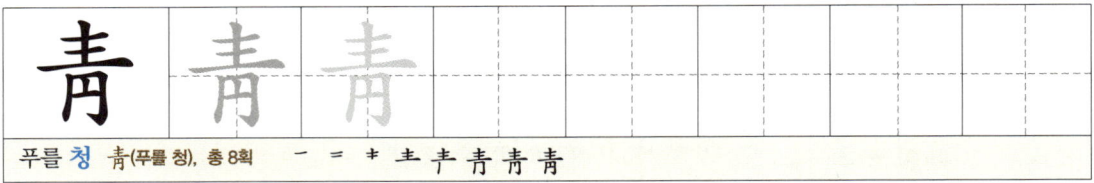

푸를 청 青(푸를 청), 총 8획   一 = 丰 圭 丰 青 青 青

糸(실 사)+工(장인 공) 붉은 색깔의 실을 나타낸 글자로, '붉다'는 뜻입니다.

붉을 홍 糸(실 사), 총 9획   ⸍ ⸍ ⸍ 幺 幺 糸 糸 紅 紅

𡕥…黃…黃 사람이 허리에 찬 노란 옥의 빛깔을 나타낸 글자로, '누렇다'는 뜻입니다.

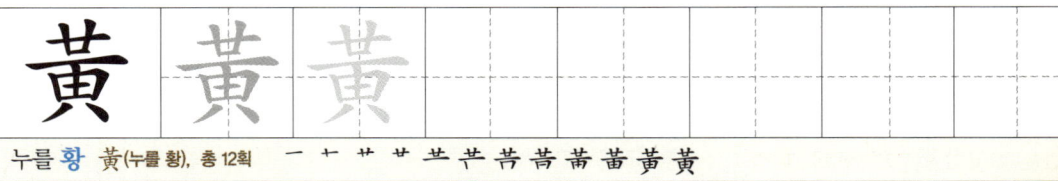

누를 황 黃(누를 황), 총 12획   一 十 廿 卄 丑 芏 苎 莤 莆 莆 黃 黃

糸(실 사)+彔(나무새길 록) 초록 색깔의 실을 나타낸 글자로, '푸르다'는 뜻입니다.

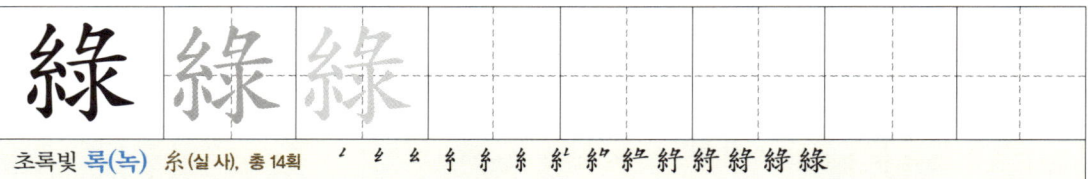

초록빛 록(녹) 糸(실 사), 총 14획   ⸍ ⸍ ⸍ 幺 幺 糸 糸 糸' 糸彐 紵 綠 綠 綠 綠

생활 속 한자

●青紅(   )의 띠를 두른 농악대. ●반갑지 않은 모래 바람, 黃沙(사). ●綠陰(음)이 우거지다.

26

甘 苦 辛 酸
감 고 신 산

『다산천자문』 2권 62쪽

감고신산(甘苦辛酸)은 각각 달고 쓰고 맵고 시다라는 뜻입니다. 감고(甘苦), 신산(辛酸)으로 쓸 때는 살아가는 것의 즐거움과 괴로움, 고생스러움을 표현하는 말이기도 하지요.

글자 풀이

🙂 ┈ 甘 입 안에 음식을 물고 있는 모양을 본뜬 글자로, '달다'라는 뜻입니다.

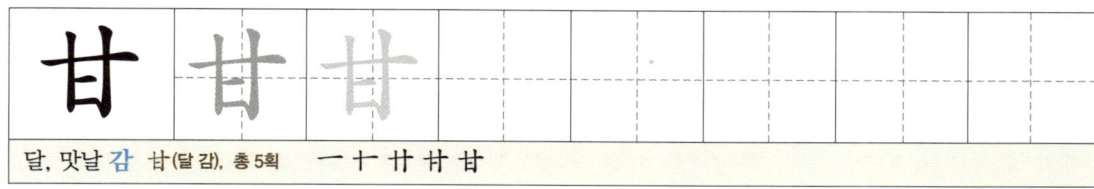

달, 맛날 **감** 甘(달 감), 총 5획 一 十 廿 甘 甘

艹(초두)+古(옛 고) 맛이 쓴 풀의 모양을 나타낸 글자로, '쓰다'라는 뜻입니다.

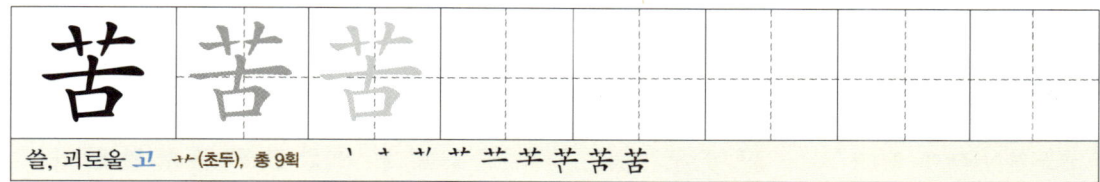

쓸, 괴로울 **고** 艹(초두), 총 9획 ` 一 + ++ ++ 丼 쏘 苦 苦

🌱 ┈ 辛 ┈ 辛 문신을 새길 때 사용하는 바늘의 모양을 본뜬 글자로, '맵다'라는 뜻입니다.

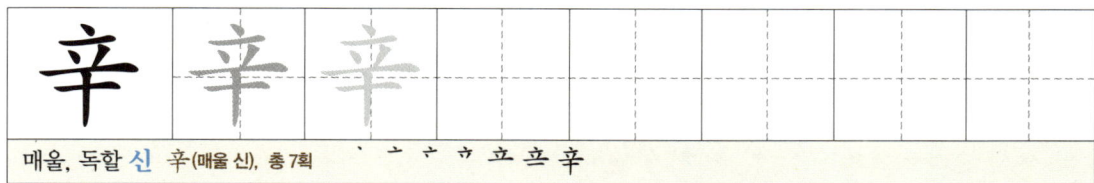

매울, 독할 **신** 辛(매울 신), 총 7획 ` 一 + 立 辛 辛 辛

酉(닭 유)+夋(험할 준) 발효된 음식의 신맛을 나타낸 글자로, '시다'라는 뜻입니다.

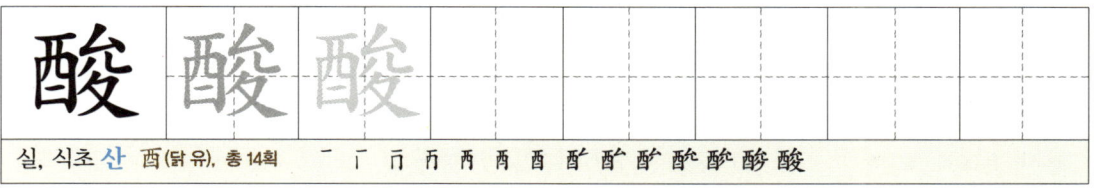

실, 식초 **산** 酉(닭 유), 총 14획 一 厂 ㄒ 丙 西 酉 酉' 酉^ 酉^ 酢 酸 酸

생활 속 한자

● 甘苦(　)는 즐거움과 괴로움을 뜻하기도 한다.　● 그는 갖은 辛酸(　)을 겪으며 자랐다.

| 甘苦辛酸 | 甘苦辛酸 | |

년   월   일입니다.

聲 성 聽 청 色 색 視 시

『다산천자문』 2권 64쪽

성청(聲聽)은 '소리를 듣는다'는 뜻이고, 색시(色視)는 '빛을 본다'는 뜻입니다. 인간이 외부 세계를 받아들여 소통하는 데 가장 기본이 되는 감각들이지요.

글자 풀이

耳(귀 이)+殸(악기 경) 귀로 악기 소리를 듣는 모습을 나타낸 글자로, '소리'를 뜻합니다.

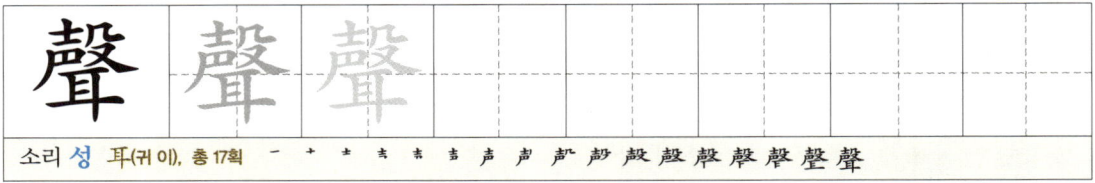

소리 성 耳(귀 이), 총 17획

耳(귀 이)+悳(덕 덕)+壬(내밀 정) 귀를 내밀고 바른 마음으로 듣는다는 의미로, '듣다'라는 뜻입니다.

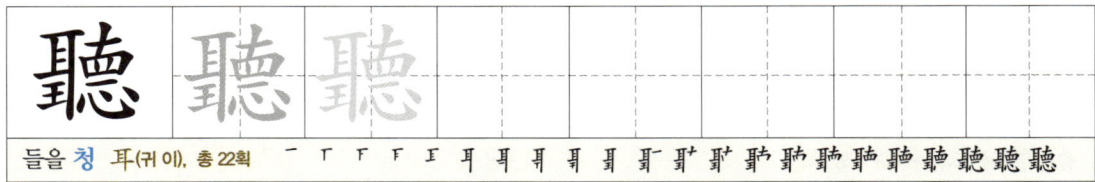

들을 청 耳(귀 이), 총 22획

人(사람 인)+卩(병부절방) 사람의 아름다운 얼굴빛을 나타낸 글자로, '빛'을 뜻합니다.

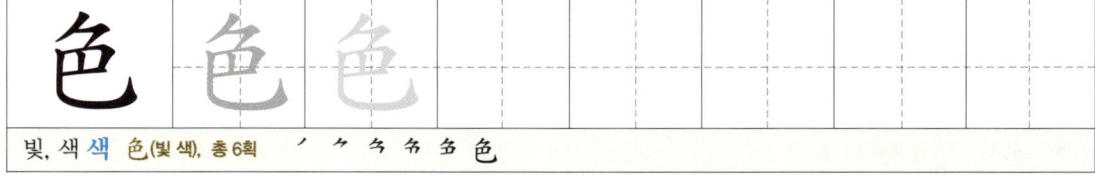

빛, 색 색 色(빛색), 총 6획

見(볼 견)+示(보일 시) 한 점을 집중하여 바라보고 있는 모습을 나타낸 글자로, '보다'라는 뜻입니다.

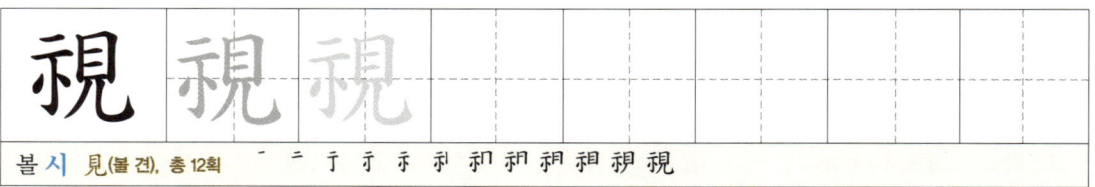

볼 시 見(볼 견), 총 12획

생활 속 한자

● 세계 최고의 美聲(미   )을 가진 성악가. ● 텔레비전 視聽(   ). ● 아름다운 色感(감).

| 聲聽色視 | 聲聽色視 | |

28

音音 響향 芳방 香향

『다산천자문』 2권 66쪽

음향(音響)은 귀로 느끼는 감각과 관련한 단어로, '소리가 울린다'라는 뜻입니다. 방향(芳香)은 코로 느끼는 감각과 관련한 단어로, '꽃향기처럼 좋은 향'이라는 뜻이지요.

글자 풀이

 악기나 돌, 나무 등을 두드릴 때 나는 소리를 나타낸 글자로, '소리'를 뜻합니다.

소리 음 音(소리 음), 총 9획　ᅳ ㅗ ㅗ 立 产 音 音 音

音(소리 음)+鄕(향할 향)　사방으로 전해지는 소리를 나타낸 글자로, '울리다'는 뜻입니다.

울릴 향 音(소리 음), 총 22획

艹(艸)(초두)+方(모 방)　풀꽃 향기가 사방에 퍼지는 모양을 나타낸 글자로, '향내나다'라는 뜻입니다.

꽃다울, 향내날 방 艹(艸)(초두), 총 8획

黍(기장 서)+甘(달 감)　기장이나 술 따위의 제물에서 나는 냄새를 나타낸 글자로, '향기'를 뜻합니다.

향기 향 香(향기 향), 총 9획

생활 속 한자

● 그 공연장은 音響(　　) 시설이 완벽하다.　● 그녀의 머리칼에서 은은한 芳香(　　)이 풍겼다.

音響芳香　音響芳香

13일째

光광 彩채 形형 影영

『다산천자문』 2권 68쪽

광채(光彩)는 아름답고 찬란한 빛이란 뜻입니다. 형영(形影)은 형체와 그림자를 아울러 이르는 말로, 서로 떼려야 뗄 수 없는 사이를 표현할 때 사용하기도 합니다.

글자 풀이

火(불 화)+儿(어진사람인발) 사람 머리 위에서 빛나고 있는 불을 나타낸 글자로, '빛'을 뜻합니다.

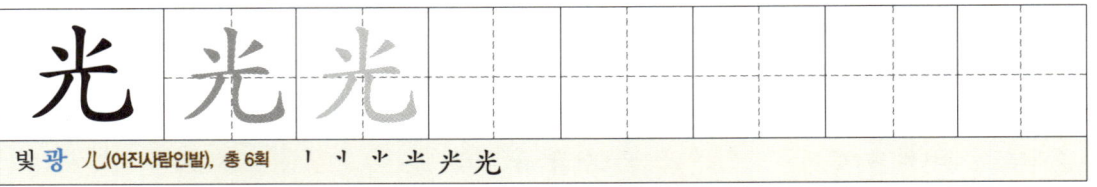

빛 **광** 儿(어진사람인발), 총 6획

彡(그릴 삼)+采(채취할 채) 한 가지를 골라내고 있는 모양을 나타낸 글자로, '채색하다'라는 뜻입니다.

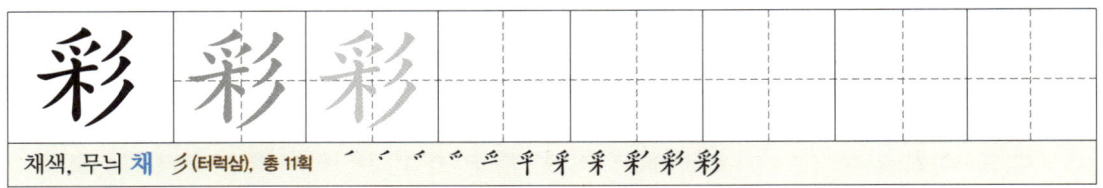

채색, 무늬 **채** 彡(터럭삼), 총 11획

彡(그릴 삼)+开(평탄할 견) 틀 모양을 그리고 있는 것을 나타낸 글자로, '모양'을 뜻합니다.

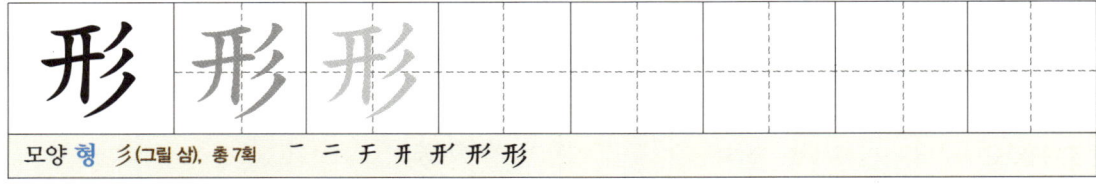

모양 **형** 彡(그릴 삼), 총 7획

彡(그릴 삼)+景(빛 경) 빛을 받은 물체 뒤에 생긴 그림자를 나타낸 글자로, '그림자'를 뜻합니다.

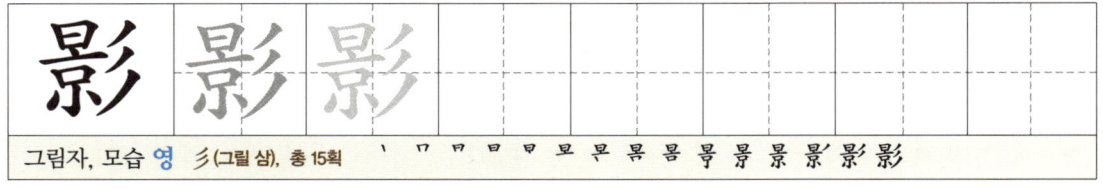

그림자, 모습 **영** 彡(그릴 삼), 총 15획

생활 속 한자

● 두 눈 가득한 光彩(　　). ● 形影(　　)은 서로 떨어질 수 없는 관계를 비유하는 말로도 쓰인다.

| 光彩形影 | 光彩形影 | |

人物性情

『다산천자문』 2권 74쪽

인물(人物)은 원래 '사람과 물건'이라는 뜻이었으나, 의미가 넓어져 '뛰어난 사람'을 가리키는 말로도 쓰입니다. 성정(性情)은 사람이나 사물의 타고난 본성을 말합니다.

 **글자 풀이**

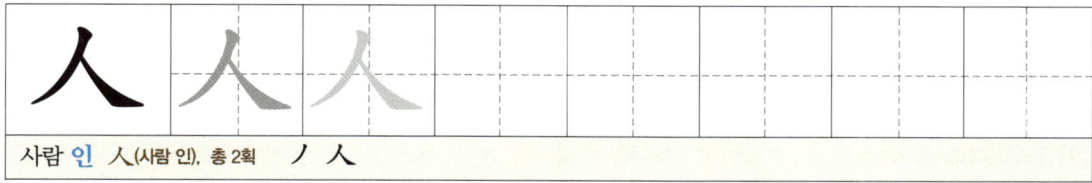

사람의 옆모습을 본뜬 글자로, '사람'을 뜻합니다.

사람 **인** 人(사람 인), 총 2획 ノ 人

牛(소 우)+勿(말 물) 부정을 씻어낸 뒤 제물로 바친 소를 나타낸 글자로, '물건'을 뜻합니다.

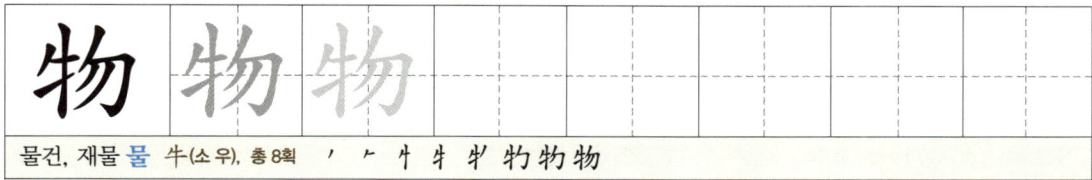

물건, 재물 **물** 牛(소 우), 총 8획 ノ 亠 亠 牛 牜 牞 物 物

忄(心)(심방변)+生(날 생) 태어날 때부터 타고난 마음을 나타낸 글자로, '성품'을 뜻합니다.

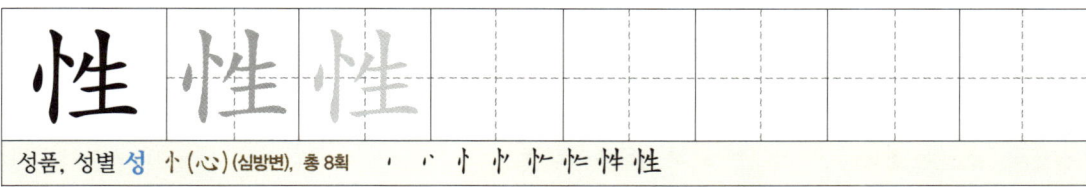

성품, 성별 **성** 忄(心)(심방변), 총 8획 ノ 丶 忄 忄 忄 忏 性 性

忄(心)(심방변)+靑(푸를 청) 푸르고 거짓 없는 마음을 나타낸 글자로, '뜻'을 의미합니다.

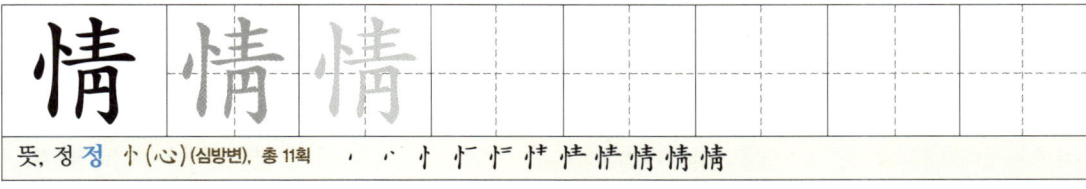

뜻, 정 **정** 忄(心)(심방변), 총 11획 ノ 丶 忄 忄 忄 忤 忤 情 情 情

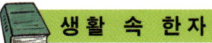 **생활 속 한자**

● 이 고장에서 많은 人物(　)이 배출되었다.　● 그는 性情(　)이 어질고 착한 사람이다.

| 人物性情 | 人物性情 | |

14일째

년   월   일입니다.

喜怒哀樂
희 노 애 락

『다산천자문』 2권 76쪽

희로애락(喜怒哀樂)은 기쁘고, 성내고, 슬프고, 즐거운 감정을 가리킵니다. 지혜로운 사람은 이런 감정들을 잘 조절하려고 노력한답니다.

글자 풀이

壴(악기 추)+口(입 구) 악기를 연주해 신에게 기도한다는 뜻의 글자로, '기쁘다'는 뜻입니다.

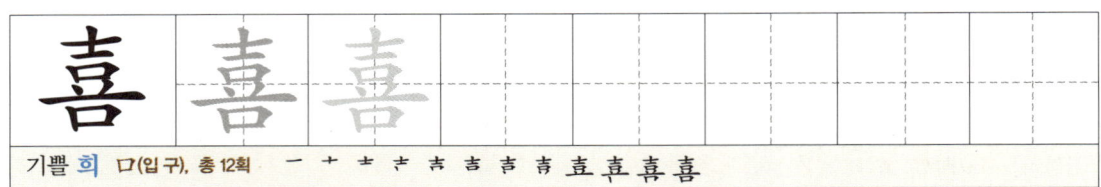

기쁠 희 口(입 구), 총 12획

心(마음 심)+奴(종 노) 힘을 다해 일하는 여자 노비의 마음을 나타낸 글자로, '성내다'는 뜻입니다.

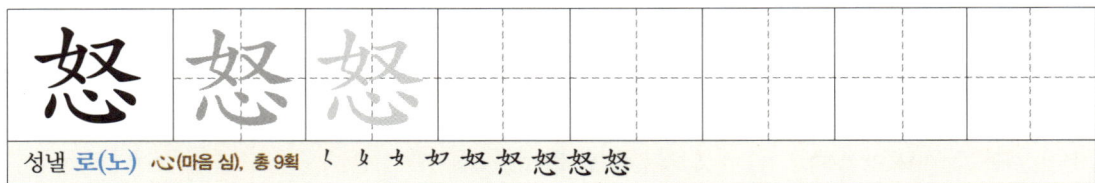

성낼 로(노) 心(마음 심), 총 9획

口(입 구)+衣(옷 의) 동정의 말을 모으고 있는 모양을 나타낸 글자로, '슬프다'는 뜻입니다.

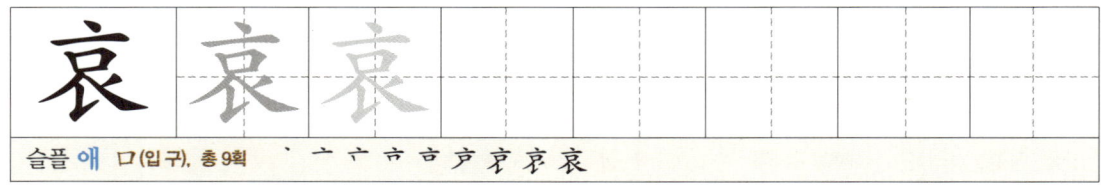

슬플 애 口(입 구), 총 9획

받침대에 놓인 큰 북, 작은 북 모양을 본뜬 글자로, '즐겁다'는 뜻입니다.

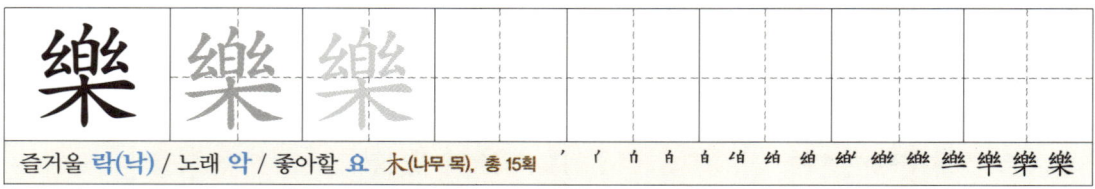

즐거울 락(낙) / 노래 악 / 좋아할 요 木(나무 목), 총 15획

생활 속 한자

● 그는 喜怒哀樂(   )을 낯빛에 나타내지 않고, 인자한 모습의 부처처럼 항상 빙그레 웃었다.

| 喜怒哀樂 | 喜怒哀樂 | |

悲비 歡환 愛애 憎증

『다산천자문』 2권 78쪽

비환(悲歡)은 슬픔과 기쁨을, 애증(愛憎)은 사랑과 미움을 아울러 이르는 말입니다. 모두 마음과 관련이 있는 글자들입니다.

글자 풀이

心(마음 심)+非(아닐 비) 마음이 좌우로 갈라지는 모양을 나타낸 글자로, '슬프다'는 뜻입니다.

슬플 비 心(마음 심), 총 12획

欠(하품 흠)+雚(부를 환) 큰 소리로 서로를 부르는 모양을 나타낸 글자로, '기뻐하다'는 뜻입니다.

기뻐할 환 欠(하품 흠), 총 22획

夂(천천히걸을 쇠)+旡(목멜 기)+心(마음 심) 아끼는 마음을 나타낸 글자로, '사랑'이란 뜻입니다.

사랑 애 心(마음 심), 총 13획

忄(心)(마음 심)+曾(거듭할 증) 거듭하여 쌓이는 마음을 나타낸 글자로, '미워하다'는 뜻입니다.

미워할 증 忄(心)(마음 심), 총 15획

생활 속 한자

● 이산가족의 悲歡(　　)과 염원이 서리다.　● 오랫동안 두 사람의 愛憎(　　)은 깊어만 갔다.

悲歡愛憎　悲歡愛憎

15일째

년   월   일입니다.

恩은 怨원 愁수 恨한

『다산천자문』 2권 80쪽

은원수한(恩怨愁恨)은 모두 '마음 심(忄=心)' 자를 부수로 사용하고 있습니다. 은원(恩怨)은 은혜와 원망을, 수한(愁恨)은 근심과 한을 뜻합니다.

글자 풀이

心(마음 심)+因(인할 인) 애지중지하는 마음을 나타낸 글자로, '은혜'를 뜻합니다.

은혜 은 心(마음 심), 총 10획 丨 冂 冃 囝 因 因 恩 恩 恩

心(마음 심)+夗(몸굽힐 원) 고부라져 있는 마음을 나타낸 글자로, '원망하다'는 뜻입니다.

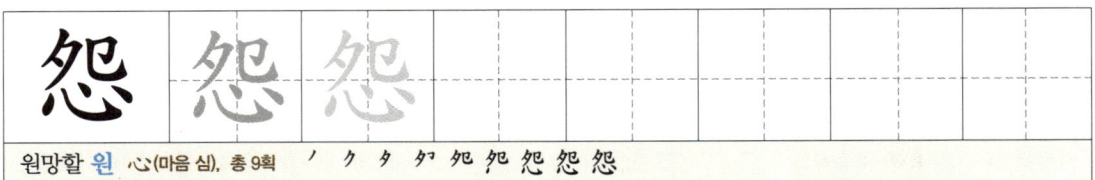

원망할 원 心(마음 심), 총 9획 ノ 夕 夕 夘 夗 夗 怨 怨 怨

心(마음 심)+秋(가을 추) 마음이 가을같이 쓸쓸하다는 뜻의 글자로, '근심'을 뜻합니다.

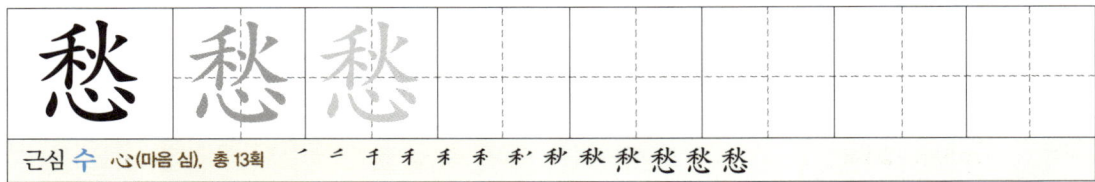

근심 수 心(마음 심), 총 13획 ノ 二 千 禾 禾 禾 秋 秋 秋 愁 愁 愁

忄(心)(마음 심)+艮(머무를 간) 마음에 머무는 악한 감정을 나타낸 글자로, '한'을 뜻합니다.

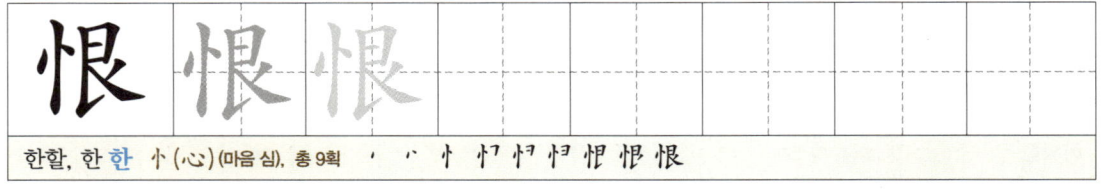

한할, 한 한 忄(心)(마음 심), 총 9획 丶 丶 忄 忄 忄 恨 恨 恨

생활 속 한자

● 나는 당신과 아무런 恩怨(   )도 없소.   ● 유배된 선비는 하염없이 자신의 신세를 愁恨(   )했다.

| 恩怨愁恨 | 恩怨愁恨 | |

勇겁鬪爭
용 겁 투 쟁

『다산천자문』 2권 82쪽

용겁(勇怯)은 서로 반대의 의미를 가진 한자들로, '용감하다'와 '겁먹다'라는 뜻입니다.
반면 투쟁(鬪爭)은 같은 의미를 가진 한자들로, 싸운다는 의미를 갖고 있습니다.

글자 풀이

力(힘 력)+甬(종 용) 무거운 종을 들어 올리는 힘을 나타낸 글자로, '날래다'는 뜻입니다.

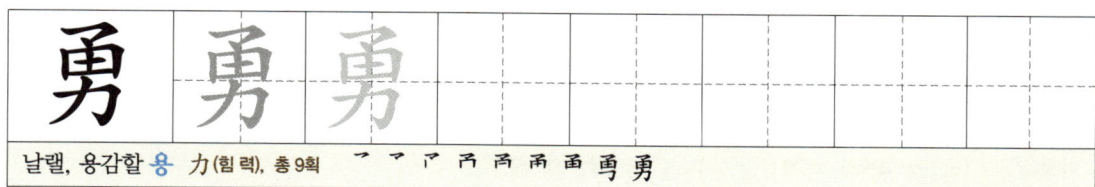

날랠, 용감할 **용**　力(힘 력), 총 9획

忄(心)(심방변)+去(갈 거) 뒷걸음질치는 마음을 나타낸 글자로, '겁내다'는 뜻입니다.

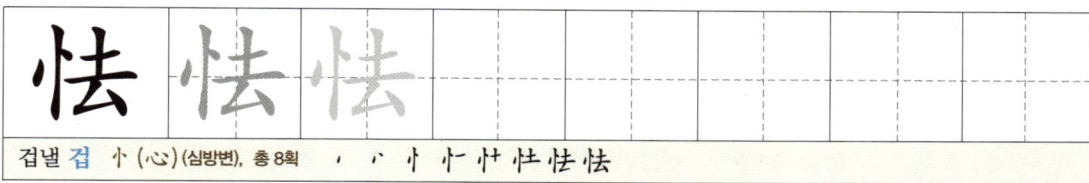

겁낼 **겁**　忄(心)(심방변), 총 8획

鬥(문 문)+尌(깎을 주) 사람이 다투어 경쟁하는 모양을 나타낸 글자로, '싸우다'는 뜻입니다.

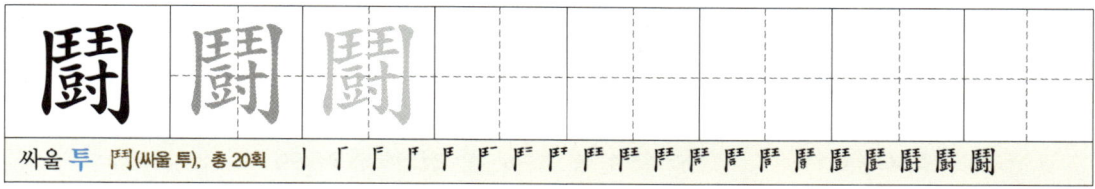

싸울 **투**　鬥(싸울 투), 총 20획

爫(잡아당길 표)+力(힘 력) 힘껏 잡아당기는 모양을 나타낸 글자로, '다투다'는 뜻입니다.

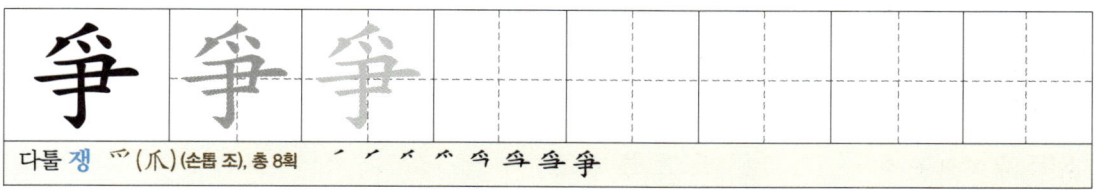

다툴 **쟁**　爫(爪)(손톱 조), 총 8획

생활 속 한자

● 勇氣(　기)를 북돋아 준 친구.　● 怯(　)에 질린 얼굴.　● 조국의 독립을 위하여 鬪爭(　　)하다.

| 勇怯鬪爭 | 勇怯鬪爭 | |

16일째

년   월   일입니다.

狂광 暴폭 酷혹 毒독
『다산천자문』 2권 84쪽

광폭(狂暴)은 광포라고도 읽는데, 미쳐 날뛰듯이 매우 거칠고 사나움을 뜻합니다. 같은 의미로 혹독(酷毒)이라는 표현을 쓰기도 합니다.

글자 풀이

犭(개사슴록변)+王(왕 왕) 큰 짐승처럼 행동하는 모양을 나타낸 글자로, '미치다'는 뜻입니다.

狂 미칠 광 犭(犬)(개사슴록변), 총 7획   ノ ノ 犭 犭 犴 狂 狂

日(날 일)+出(날 출)+米(쌀 미)+廿(스물 입) 가죽을 볕에 말리는 모양의 글자로, '사납다'는 뜻입니다.

暴 사나울 폭 / 모질 포 日(날 일), 총 15획   丨 冂 日 日 旦 异 昇 昇 異 暴 暴 暴 暴 暴 暴

酉(닭 유)+告(고할 고) 조상에게 바치기 위해 잡은 소의 모습을 나타낸 글자로, '모질다'는 뜻입니다.

酷 모질, 독할 혹 酉(닭 유), 총 14획   一 厂 亣 丙 丙 酉 酉 酉' 酉片 酷 酷 酷 酷

屮(풀 철)+毒(음란한사람 애) 사람을 음란하게 만드는 풀을 나타낸 글자로, '독'을 뜻합니다.

毒 독 독 毋(말 무), 총 8획   一 二 十 圭 圭 毒 毒 毒

생활 속 한자

● 그들은 잔혹하고 狂暴(   )한 폭도로 돌변했다.   ● 겨울 내내 酷毒(   )한 추위에 시달리다.

| 狂暴酷毒 | 狂暴酷毒 | |

謹 근 嚴 엄 弘 홍 裕 유

『다산천자문』 2권 86쪽

근엄(謹嚴)은 점잖고 엄숙하다는 뜻입니다. 모두 말과 관련 있는 글자로, 말을 할 때에는 항상 삼가고 엄해야 한다는 의미가 담겨 있습니다. 홍유(弘裕)는 크고 넉넉하다는 뜻입니다.

글자 풀이

言(말씀 언)+堇(진흙 근) 말을 진흙처럼 바른다는 뜻의 글자로, '삼가다'는 뜻입니다.

삼갈 근 言(말씀 언), 총 18획

口(입 구)+口(입 구)+厂(민엄호)+敢(굳셀 감) 엄하고 굳게 말한다는 뜻의 글자로, '엄하다'는 뜻입니다.

엄할 엄 口(입구), 총 20획

弓(활 궁)+厷(넓을 굉) 활을 튕긴 소리가 사방에 퍼지는 것을 나타낸 글자로, '크다'는 뜻입니다.

클 홍 弓(활궁), 총 5획

衤(衣)(옷 의)+谷(골짜기 곡) 옷이 골짜기처럼 여유있는 모양을 나타낸 글자로, '넉넉하다'는 뜻입니다.

넉넉할 유 衤(衣)(옷의), 총 12획

생활 속 한자

- 謹嚴(   )한 표정으로 말했다.
- 弘益(익)의 건국 이념.
- 裕福(복)한 어린 시절.

謹嚴弘裕　謹嚴弘裕

17일째

년   월   일입니다.

勤勉貞淑
근 면 정 숙

『다산천자문』 2권 88쪽

근면(勤勉)은 부지런히 힘쓰는 것을 이르는 말로, 살아가는 데 가장 으뜸이 되는 덕목입니다. 정숙(貞淑)은 행실이 곧고 마음씨가 곱다는 뜻입니다.

글자 풀이

力(힘 력)+堇(진흙 근) 열심히 진흙을 바르는 모습을 나타낸 글자로, '부지런하다'는 뜻입니다.

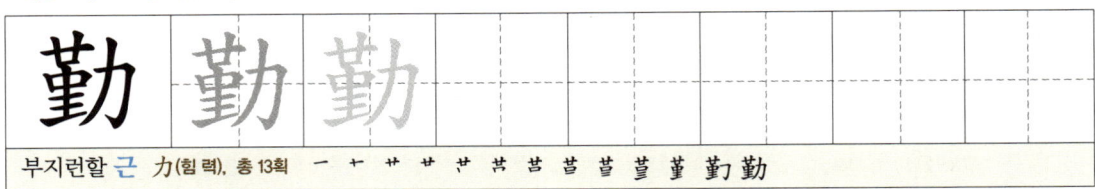

부지런할 근   力(힘 력), 총 13획

力(힘 력)+免(해산할 문) 아기를 낳는 모습을 나타낸 글자로, '힘쓰다'는 뜻입니다.

힘쓸 면   力(힘 력), 총 9획

卜(점 복)+鼎(솥 정) 솥의 모양을 보고 점을 쳐 알아낸다는 뜻의 글자로, '곧다'는 뜻입니다.

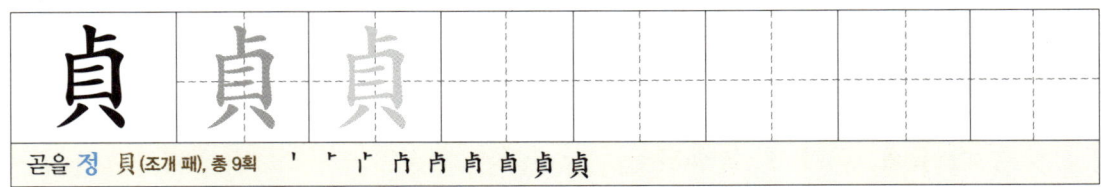

곧을 정   貝(조개 패), 총 9획

氵(水)(삼수변)+叔(아재비 숙) 물처럼 깨끗하고 순수한 사람을 나타낸 글자로, '맑다'는 뜻입니다.

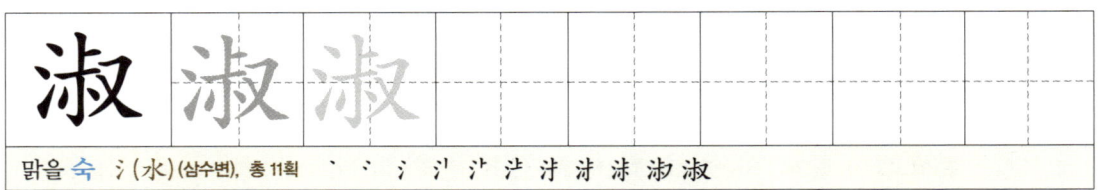

맑을 숙   氵(水)(삼수변), 총 11획

생활 속 한자

● 그는 勤勉(   )을 삶의 지표로 삼고, 열심히 노력했다.   ● 딸을 貞淑(   )하게 키우다.

| 勤勉貞淑 | 勤勉貞淑 | |

唱歌蹈舞

『다산천자문』 2권 94쪽

창가(唱歌)는 '노래를 부르다'는 뜻이고, 도무(蹈舞)는 '춤추다'는 뜻입니다. 창가는 1894년 갑오개혁 이후 발생한 하나의 음악 형식을 이르는 말로 쓰이기도 합니다.

 **글자 풀이**

口(입 구)+昌(왕성할 창) 입으로 크게 내는 소리를 나타낸 글자로, '부르다'는 뜻입니다.

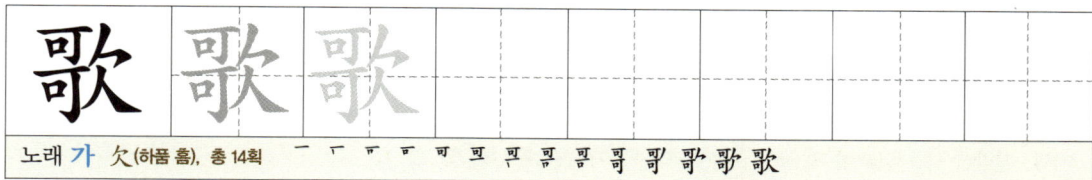

부를, 인도할 **창** 口(입구), 총 11획

欠(하품 흠)+哥(노래 가) 하품을 하듯 노래 부르는 모습을 나타낸 글자로, '노래'라는 뜻입니다.

노래 **가** 欠(하품 흠), 총 14획

足(발 족)+舀(뽑을 도) 발을 위로 뽑아 올리는 모양을 나타낸 글자로, '밟다'는 뜻입니다.

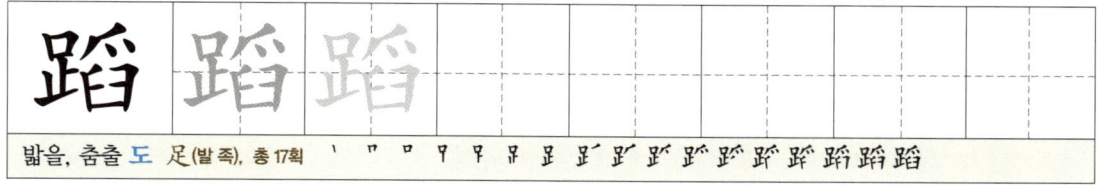

밟을, 춤출 **도** 足(발족), 총 17획

朿→舞→舞 소매에 장식이 달린 옷을 입고 춤을 추는 사람을 본뜬 글자로, '춤추다'는 뜻입니다.

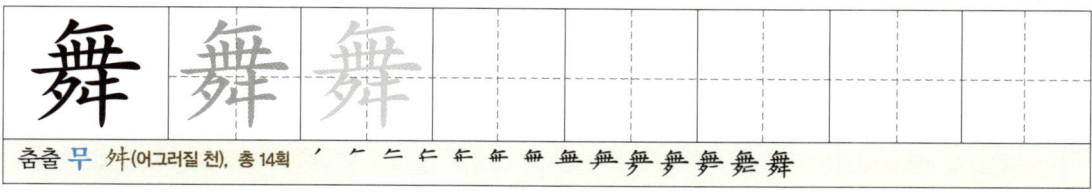

춤출 **무** 舛(어그러질 천), 총 14획

📗 **생활 속 한자**

● 공작새처럼 차려입은 여인들이 나와 唱歌(   )를 불렀다.   ● 假面舞蹈會(가면   회)의 긴 행렬.

| 唱歌蹈舞 | 唱歌蹈舞 | |

39

18일째

년   월   일입니다.

觀관 望망 省성 顧고

『다산천자문』 2권 96쪽

관망(觀望)은 '무엇을 바라본다'는 뜻으로, 적극적으로 나서지 않고 주변 정세를 살필 때 쓰는 표현입니다. 성고(省顧)는 '살피고 돌아본다'는 뜻을 가지고 있지요.

글자 풀이

見(볼 견)+藋(황새 관) 황새처럼 눈을 크게 뜨고 있는 모양을 나타낸 글자로, '보다'라는 뜻입니다.

觀 볼, 생각 관 見(볼견), 총 25획

 기지개를 켠 사람의 큰 눈을 본뜬 글자로, '바라보다'는 뜻입니다.

望 바랄, 원망할 망 月(달월), 총 11획

目(눈 목)+生(날 생) 눈으로 자세히 살펴보는 모습을 나타낸 글자로, '살피다'는 뜻입니다.

省 살필 성 / 덜 생 目(눈목), 총 9획

頁(머리 혈)+雇(새이름 호) 지나간 쪽을 돌아보는 모양을 나타낸 글자로, '돌아보다'는 뜻입니다.

顧 돌아볼 고 頁(머리혈), 총 21획

생활 속 한자

● 觀望(   )적인 자세를 버리자! ● 잘못에 대한 反省(반   ). ● 어린 시절을 回顧(회   )하다.

觀望省顧

吞탄 吐토 噓허 吸흡

『다산천자문』 2권 98쪽

탄토허흡(吞吐噓吸)은 모두 입과 관련이 있는 글자들로, 각각 삼키다, 토하다, 숨을 내쉬다, 들이마시다라는 뜻을 가지고 있습니다.

글자 풀이

口(입 구)+天(하늘 천) 목젖을 본뜬 글자(天)와 구(口) 자를 합쳐 만든 글자로, '삼키다'는 뜻입니다.

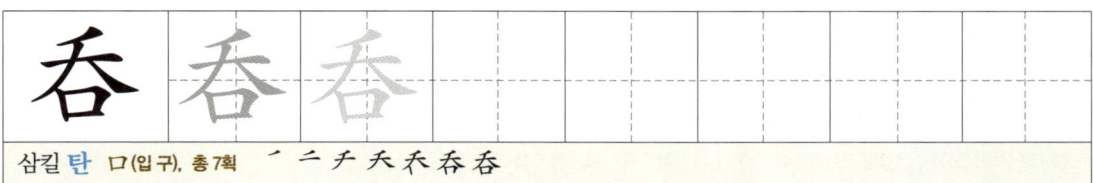

삼킬 탄 口(입구), 총 7획 ' 一 于 天 天 吞 吞

口(입 구)+土(흙 토) 입으로 나무와 풀을 뱉어 내는 모습을 나타낸 글자로, '토하다'는 뜻입니다.

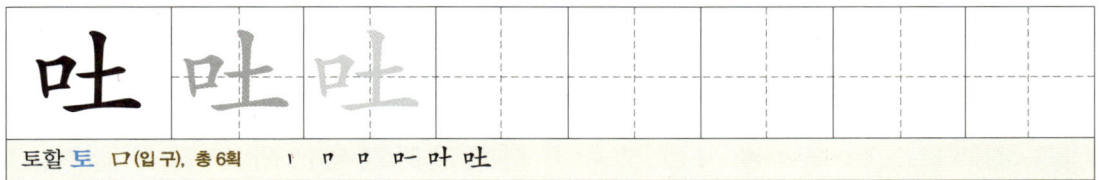

토할 토 口(입구), 총 6획 丨 冂 口 口﹣ 吁 吐

口(입 구)+虛(빌 허) 숨 뱉는 소리를 본뜬 글자(虛)에 구(口) 자가 합쳐져, '불다'라는 뜻입니다.

불 허 口(입구), 총 15획 丨 冂 口 口ᅵ 叶 叶 啳 啳 啳 嘘 嘘 嘘 噓

口(입 구)+及(미칠 급) 숨 들이쉬는 소리를 본뜬 글자(及)에 구(口) 자가 합쳐져, '들이쉬다'라는 뜻입니다.

숨 들이쉴, 마실 흡 口(입구), 총 7획 丨 冂 口 叨 叨 吸 吸

생활 속 한자

● 음식물의 吞吐(   )를 거듭하다. ● 噓呵(가)는 '숨을 내쉰다'는 뜻이다. ● 呼吸(호   )이 가쁘다.

| 吞吐噓吸 | 吞吐噓吸 | |

년   월   일입니다.

見聞聰察
견 문 총 찰

『다산천자문』 2권 100쪽

견문(見聞)은 보고 듣는다는 뜻입니다. 그래서 '견문이 넓다'는 것은 보고 들은 것이 많다는 뜻이 됩니다. 총찰(聰察)은 슬기롭고 영리해서 사물의 진실을 잘 꿰뚫어 본다는 뜻입니다.

 **글자 풀이**

目(눈 목)+儿(어진사람인발) 서 있는 사람 위의 눈 모양을 표현한 글자로, '보다'라는 뜻입니다.

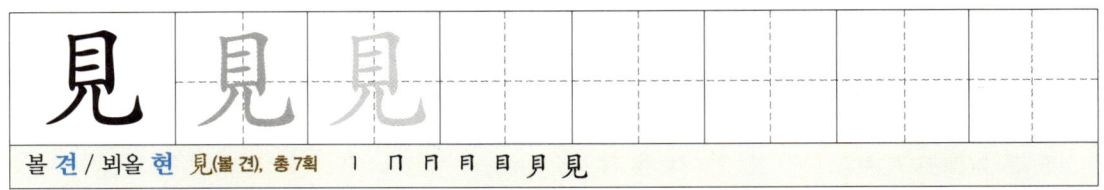

볼 견 / 뵈올 현   見(볼견), 총 7획   丨 冂 冂 冃 目 貝 見

耳(귀 이)+門(문 문) 귀를 문처럼 열어 소리를 듣는 모양을 나타낸 글자로, '듣다'라는 뜻입니다.

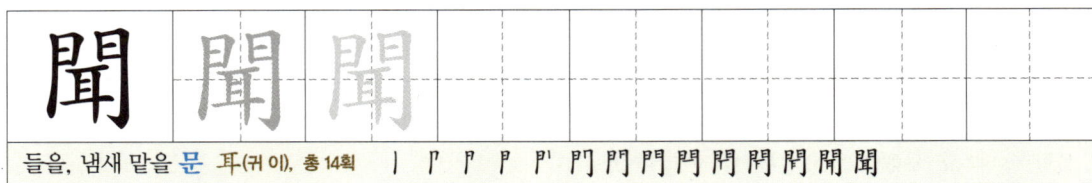

들을, 냄새 맡을 문   耳(귀 이), 총 14획   丨 冂 冂 冃 冃 門 門 門 門 門 聞 聞

耳(귀 이)+悤(모을 총) 소리에 모든 신경을 모은다는 의미의 글자로, '귀가 밝다'는 뜻입니다.

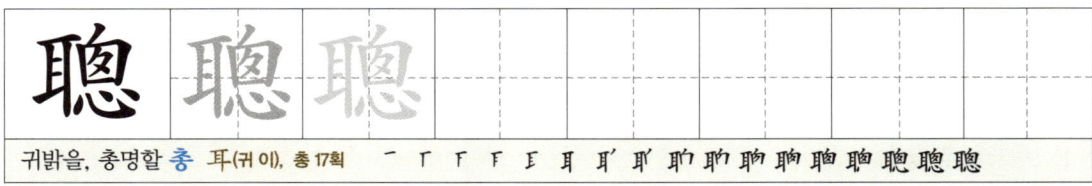

귀밝을, 총명할 총   耳(귀 이), 총 17획   一 厂 F F E 耳 耳' 耵 聊 聊 聊 聊 聰 聰 聰

宀(갓머리)+祭(제사 제) 제사를 지내며 신의 뜻을 살핀다는 의미의 글자로, '살피다'는 뜻입니다.

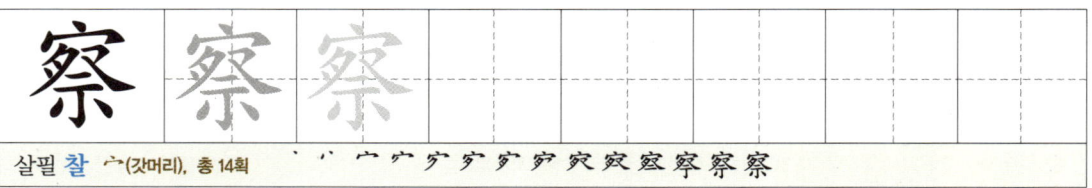

살필 찰   宀(갓머리), 총 14획   ` 宀 宀 宀 宀 宀 宀 宀 宀 宎 宎 宎 察 察

생활 속 한자

● 여행을 통하여 見聞(   )을 넓히다.   ● 그는 분주히 안팎으로 드나들며 매사를 聰察(   )하였다.

| 見聞聰察 | 見聞聰察 | |

戱희 笑소 歎탄 哭곡

『다산천자문』 2권 102쪽

희소(戱笑)의 뜻인 '놀고 웃는 것'은 즐거움을 의미하고, 탄곡(歎哭)의 뜻인 '탄식하고 우는 것'은 슬픔을 의미합니다. 서로 상반되는 단어이지요.

글자 풀이

戈(창 과)+虛(공허할 희) 싸움에 쓰지 않는 공허한 창을 나타낸 글자로, '놀다'라는 뜻입니다.

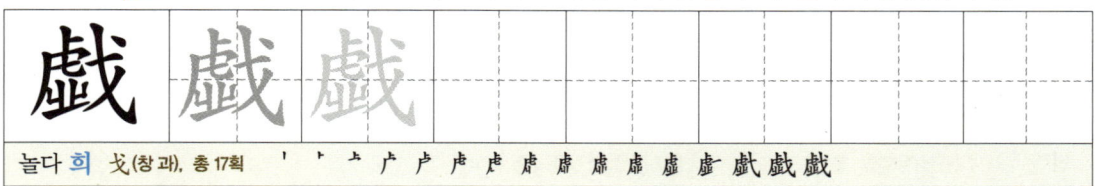

놀다 희 戈(창과), 총 17획

笑…笑 머리가 긴 젊은 무당의 모습을 본뜬 글자로, '웃다'라는 뜻입니다.

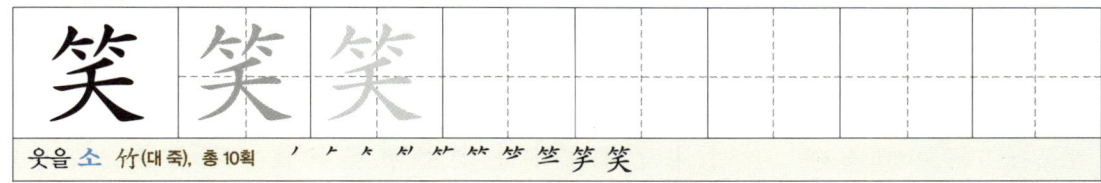

웃을 소 竹(대죽), 총 10획

欠(하품 흠)+難(어려울 란) 곤란한 일을 당해 소리를 지른다는 뜻의 글자로, '탄식하다'라는 뜻입니다.

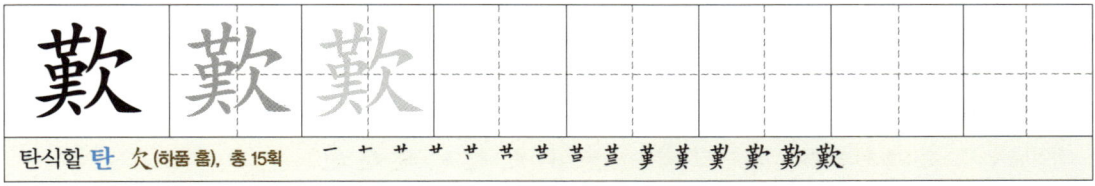

탄식할 탄 欠(하품 흠), 총 15획

犬(개 견)+口(입 구)+口(입 구) 개를 제물로 바치고 사람들이 운다는 뜻의 글자로, '울다'라는 뜻입니다.

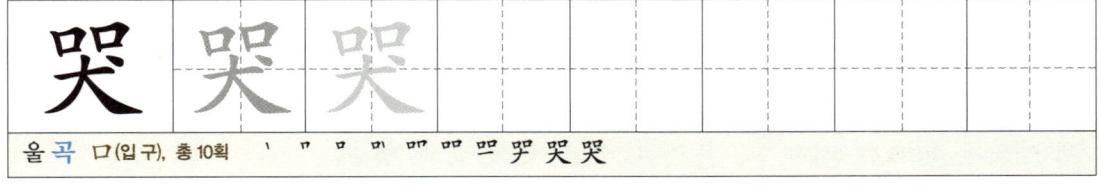

울 곡 口(입구), 총 10획

생활 속 한자

● 그의 대표적인 戱曲(곡) 작품. ● 談笑(담　)를 나누다. ● 부모님 영정 앞에서 歎哭(　　)하다.

| 戱笑歎哭 | 戱笑歎哭 | |

20일째   년   월   일입니다.

投투擲척超초越월

『다산천자문』 2권 104쪽

투척(投擲)은 모두 손과 관련이 있는 글자들로 '던지다'라는 뜻입니다. 초월(超越)은 달리는 행동과 관련이 있는 글자들로 '뛰어넘다'라는 뜻을 가지고 있습니다.

 글자 풀이

扌(手)(재방변)+殳(갖은등글월 문) 손에 몽둥이를 들고 팬다는 뜻의 글자로, '던지다'라는 뜻입니다.

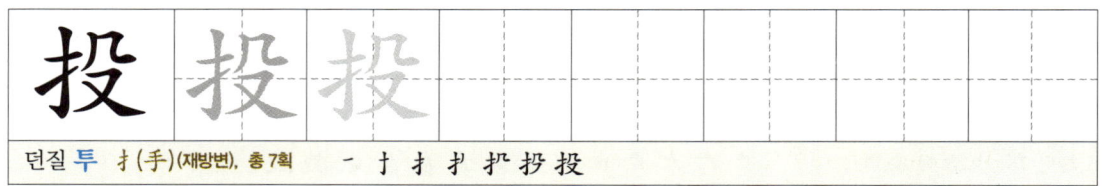

던질 투 扌(手)(재방변), 총 7획   一 † 扌 扩 抄 投

扌(手)(재방변)+鄭(정나라 정) 손으로 물건을 내던지는 모양을 나타낸 글자로, '던지다'라는 뜻입니다.

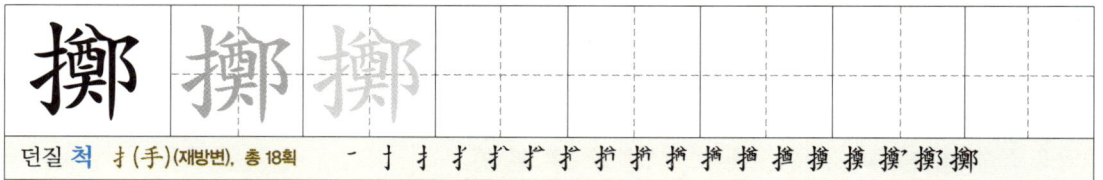

던질 척 扌(手)(재방변), 총 18획

走(달릴 주)+召(부를 소) 열심히 달리다가 뛰어오른다는 의미의 글자로, '뛰어넘다'라는 뜻입니다.

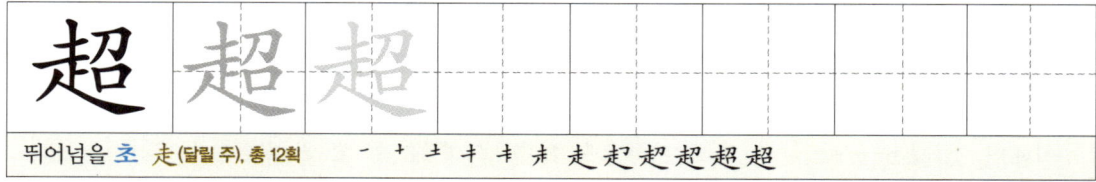

뛰어넘을 초 走(달릴 주), 총 12획   一 十 土 キ キ 走 走 起 起 超 超

走(달릴 주)+戉(도끼 월) 멀리 내달린다는 뜻의 글자로, '뛰어넘다'라는 뜻입니다.

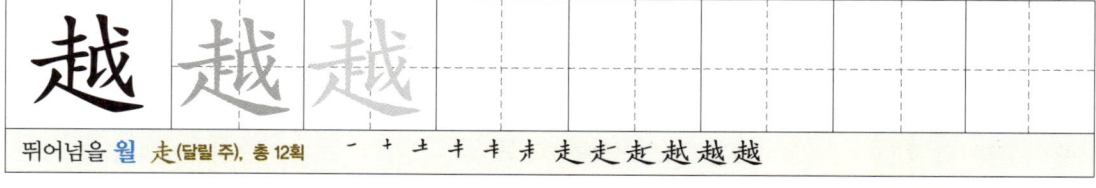

뛰어넘을 월 走(달릴 주), 총 12획   一 十 土 キ キ 走 走 走 越 越 越

📗 생활 속 한자

●적진에 수류탄을 投擲(   )하다.   ●영화 속 시간과 공간을 超越(   )한 사랑 이야기.

投擲超越	投擲超越	

44

坐좌 立립 臥와 伏복

『다산천자문』 2권 106쪽

좌립와복(坐立臥伏)은 각각 사람의 기거 상태를 나타내는 말입니다. 좌립(坐立)은 앉거나 선다는 뜻이고, 와복(臥伏)은 눕거나 엎드린다는 뜻입니다.

글자 풀이

土(흙 토)+人(사람 인)+人(사람 인) 무릎 꿇고 마주 보는 것을 나타낸 글자로, '앉다'라는 뜻입니다.

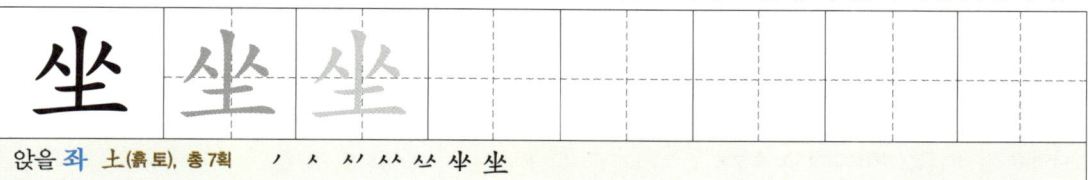

앉을 좌 土(흙토), 총 7획 ノ 人 ケ 丛 丛 坐 坐

↥…↥…↥ 선 위에 사람이 서 있는 모양을 나타낸 글자로, '서다'라는 뜻입니다.

立

설 립(입) 立(설립), 총 5획 ` 二 十 六 立

人(사람 인)+臣(신하 신) 사람이 눈을 감고 쉬고 있는 것을 나타낸 글자로, '눕다'라는 뜻입니다.

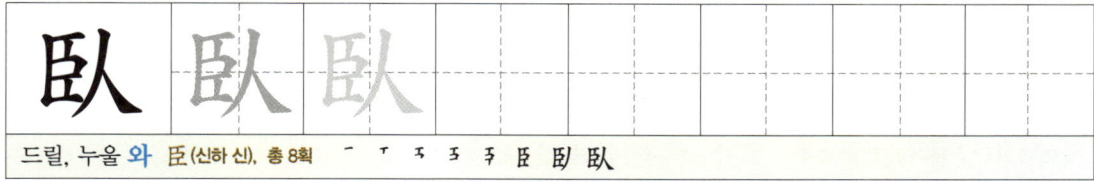

드릴, 누울 와 臣(신하신), 총 8획 一 丆 丂 丏 臣 臣 臥

亻(人)(사람 인)+犬(개 견) 개가 사람을 따른다는 의미의 글자로, '엎드리다'라는 뜻입니다.

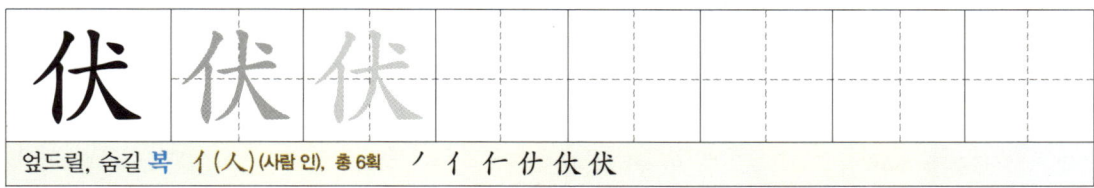

엎드릴, 숨길 복 亻(人)(사람 인), 총 6획 ノ 亻 仁 仕 伏 伏

생활 속 한자

● 坐立臥伏(　　　)은 각각 사람이 앉거나 서거나 눕거나 엎드린 상태를 말한다.

| 坐立臥伏 | 坐立臥伏 | |

45

21일째

년   월   일입니다.

進_진 退_퇴 起_기 居_거

『다산천자문』 2권 108쪽

진퇴(進退)는 모두 '달릴 착(辶=辵)' 자를 부수로 사용해, 무언가 빨리 움직인다는 의미를 나타냅니다. 기거(起居)는 일정한 곳에서 몸을 뜻대로 움직이며 살아간다는 뜻입니다.

글자 풀이

辶(辵)(책받침;달릴 착)+隹(새 추) 새가 날아가는 것을 나타낸 글자로, '나아가다'라는 뜻입니다.

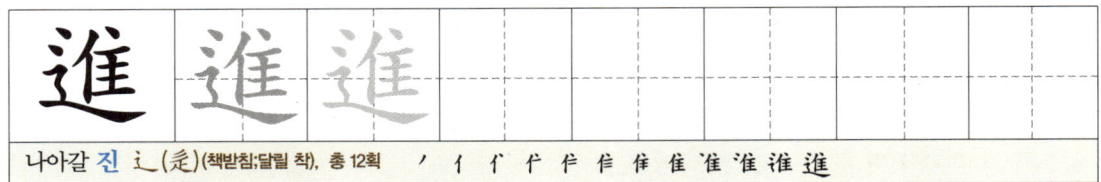

나아갈 진   辶(辵)(책받침;달릴 착), 총 12획

彳(두인변)+夂(천천히걸을 쇠)+食(먹을 식) 물러나 식사함을 나타내며, '물러나다'라는 뜻입니다.

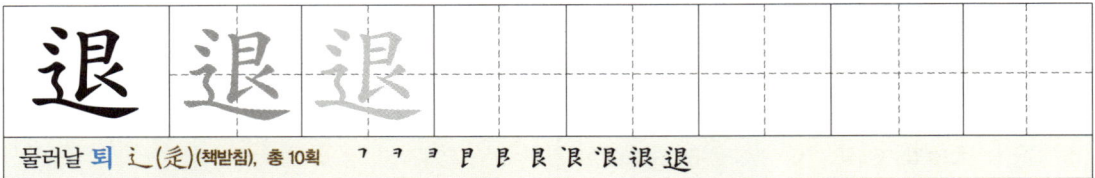

물러날 퇴   辶(辵)(책받침), 총 10획

走(달아날 주)+己(몸 기) 몸을 일으키는 사람의 모습을 나타낸 글자로, '일어나다'라는 뜻입니다.

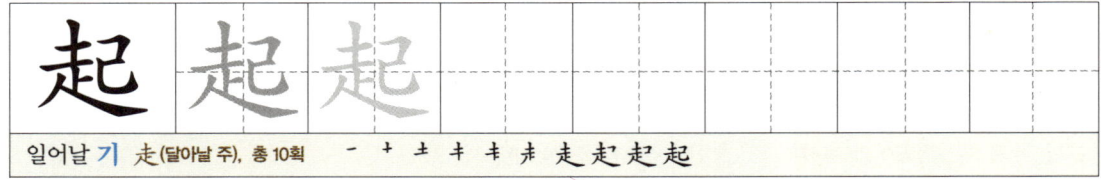

일어날 기   走(달아날 주), 총 10획

尸(주검 시)+古(옛 고) 단단하게 앉아 있는 사람을 나타낸 글자로, '살다'라는 뜻입니다.

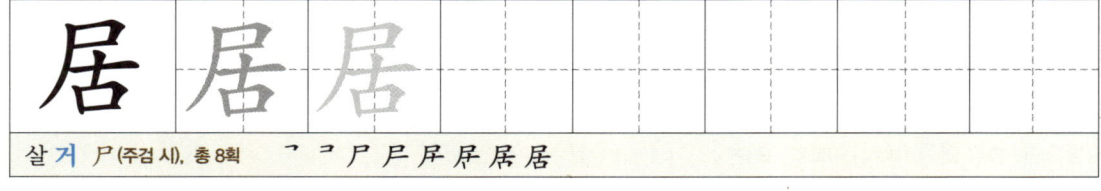

살 거   尸(주검 시), 총 8획

생활 속 한자

● 씨름판에서 두 선수가 進退(   )를 거듭하며 팽팽히 맞서다.   ● 사랑채에 起居(   )하고 있는 손님.

進退起居	進退起居	

疾질 病병 痛통 症증

『다산천자문』 2권 110쪽

질병통증(疾病痛症)은 모두 '병들어 누울 녁(疒)' 자를 부수를 사용한 글자들로, 인간의 질병과 그에 따른 통증을 의미합니다.

 **글자 풀이**

大(큰 대)+矢(화살 시) 사람이 화살에 맞아 다쳤다는 의미의 글자로, '병'을 뜻합니다.

疾	疾	疾							

병, 빨리 **질** 疒(병질 엄), 총 10획 　`丶 一 广 广 疒 疒 疠 疠 疾 疾`

疒(병질 엄)+丙(펴질 병) 병이 퍼져 온몸이 무거워졌음을 나타낸 글자로, '병'을 뜻합니다.

病	病	病							

병 **병** 疒(병질 엄), 총 10획 　`丶 一 广 广 疒 疒 痄 病 病 病`

疒(병질 엄)+甬(꿰뚫을 통) 몸을 꿰뚫는 듯한 통증을 나타낸 글자로 '아프다'는 뜻입니다.

痛	痛	痛							

아플, 몹시 **통** 疒(병질엄), 총 12획 　`丶 一 广 广 疒 疒 疒 疗 痄 痄 痛 痛`

疒(병질 엄)+正(바를 정) 아플 때 나타나는 여러 증상을 의미하는 글자로, '증세'라는 뜻입니다.

症	症	症							

증세 **증** 疒(병질 엄), 총 10획 　`丶 一 广 广 疒 疒 疔 疔 症 症`

생활 속 한자

●疾病(　)을 치료하는 의사가 되다. ●痛症(　) 때문인지 그는 계속 얼굴을 찡그리고 있었다.

疾病痛症	疾病痛症	

년   월   일입니다.

開개 閉폐 出출 入입

『다산천자문』 2권 112쪽

개폐(開閉)와 출입(出入)은 서로 반대되는 뜻을 가진 글자들로, 개폐는 문을 열고 닫는 것을, 출입은 어떤 곳에 드나드는 것을 의미합니다.

글자 풀이

門(문 문)+开(평탄할 견) 문을 양손으로 여는 것을 나타낸 글자로, '열다'라는 뜻입니다.

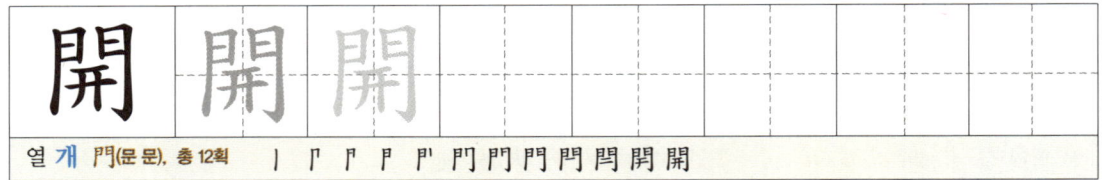

열 개 門(문 문), 총 12획   丨 冂 冂 冃 冃 門 門 門 門 閂 開 開

門(문 문)+才(목재 재) 문을 나무 빗장으로 닫아 건 모양을 나타낸 글자로, '닫다'라는 뜻입니다.

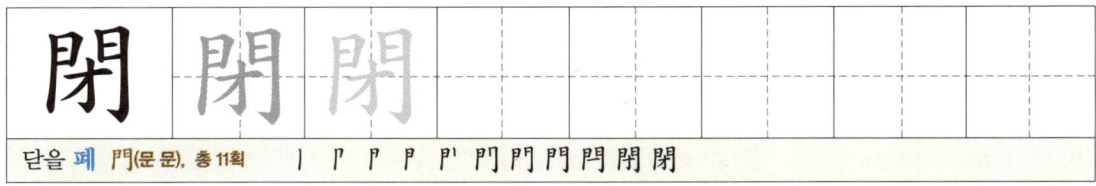

닫을 폐 門(문 문), 총 11획   丨 冂 冂 冃 冃 門 門 門 閂 閉 閉

 움푹 팬 땅을 딛고 나오는 발모양을 나타낸 글자로, '나오다'라는 뜻입니다.

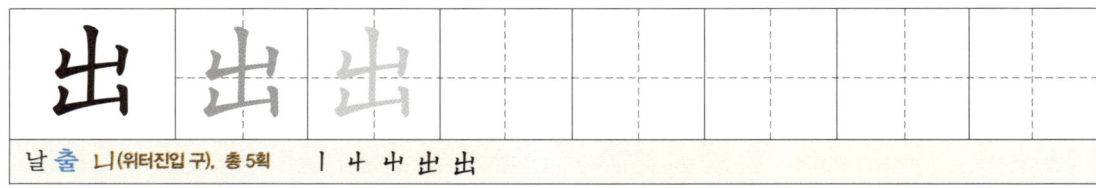

날 출 凵(위터진입 구), 총 5획   丨 屮 屮 出 出

入…入…入 경계선에서 안쪽으로 이어진 길의 모양을 본뜬 글자로, '들어가다'라는 뜻입니다.

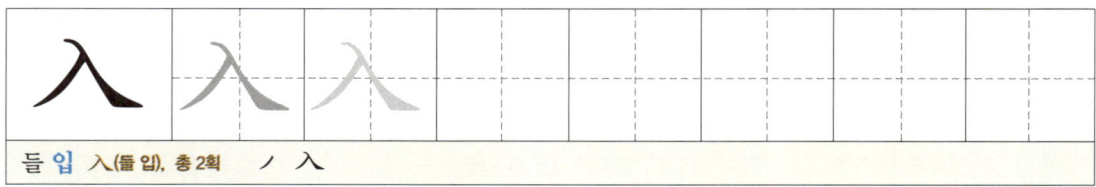

들 입 入(들 입), 총 2획   丿 入

생활 속 한자

● 문을 너무 자주 開閉(   )하다보면 고장이 날 수 있다.　● 외부인의 出入(   )을 통제하다.

開閉出入	開閉出入	

48

吾오 我아 爾이 汝여

『다산천자문』 2권 118쪽

오아(吾我)는 모두 '나'라는 뜻이고, 이여(爾汝)는 모두 '너'라는 뜻입니다. 오(吾)나 아(我) 뒤에 '무리'라는 의미의 등(等) 자를 쓰면 '우리들'이라는 뜻이 됩니다.

글자 풀이

口(입 구)+五(다섯 오) 신의 계시를 지킨다는 뜻의 글자로, '나'를 뜻합니다.

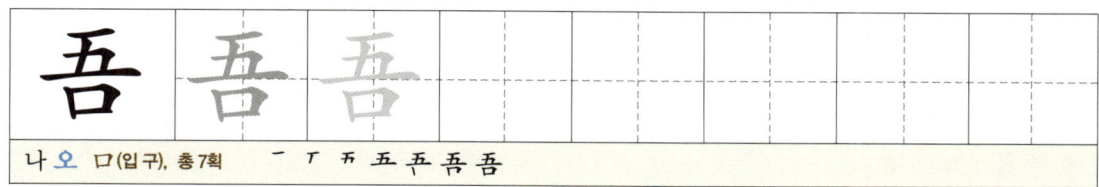

나 오　口(입구), 총 7획　一 丁 五 五 吾 吾 吾

끝이 뾰족한 창의 모양을 본뜬 글자로, '나'를 뜻합니다.

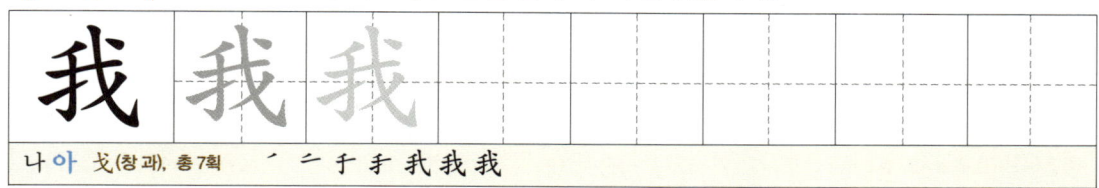

나 아　戈(창과), 총 7획　′ 一 于 手 我 我 我

아름답게 빛나는 꽃의 모양을 본뜬 글자로, '너'를 뜻합니다.

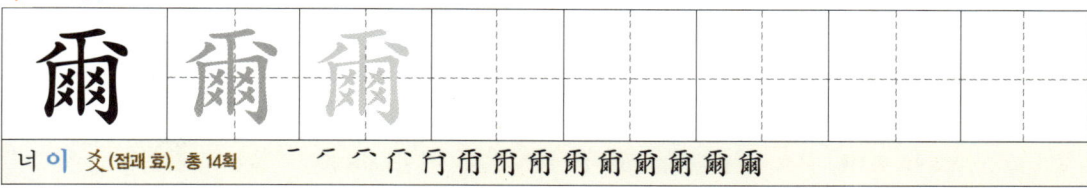

너 이　爻(점괘 효), 총 14획

氵(水)(삼수변)+女(계집 녀) 강의 이름을 나타낸 글자로, '너'를 뜻합니다.

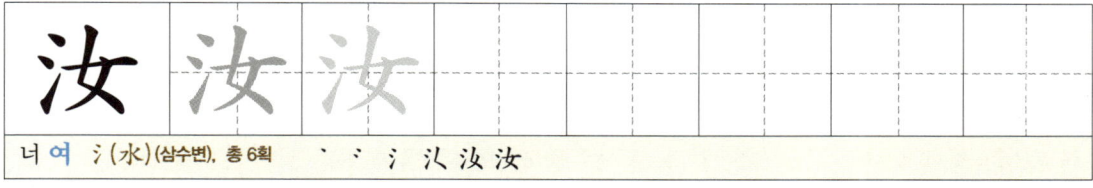

너 여　氵(水)(삼수변), 총 6획　′ 冫 氵 汐 汝 汝

생활 속 한자

● 吾我(　　)는 '나'라는 뜻이고, 爾汝(　　)는 '너'라는 뜻이다.

| 吾我爾汝 | 吾我爾汝 | |

23일째

년   월   일입니다.

生생 死사 禍화 福복

『다산천자문』 2권 120쪽

생사화복(生死禍福)은 사람이 세상에 태어나서 죽고, 또 그 과정 속에서 누리는 인생의 모든 불행과 복을 가리키는 말입니다.

글자 풀이

丫…木…生 땅 위에 돋은 풀과 나무의 모양을 본뜬 글자로, '나다'라는 뜻입니다.

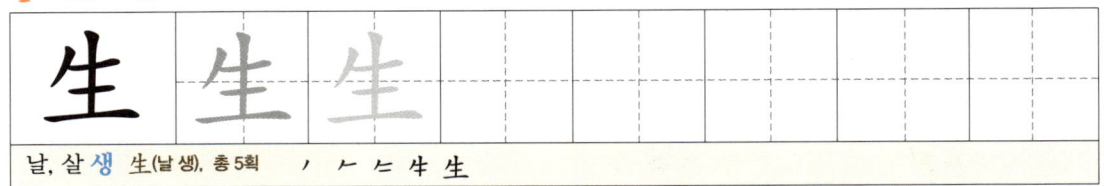

날, 살 생 生(날 생), 총 5획   ノ ㅅ ㄷ 生 生

歹(죽을 사)+人(사람 인) 무릎 꿇은 사람 앞에 놓인 시체를 나타낸 글자로, '죽다'라는 뜻입니다.

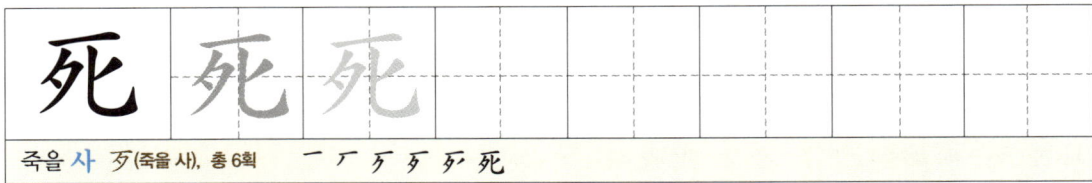

죽을 사 歹(죽을 사), 총 6획   一 フ ㄅ ㄅ 歹 死

示(보일 시)+咼(깎을 와) 깎여 없어진 행복을 나타낸 글자로, '재앙'을 뜻합니다.

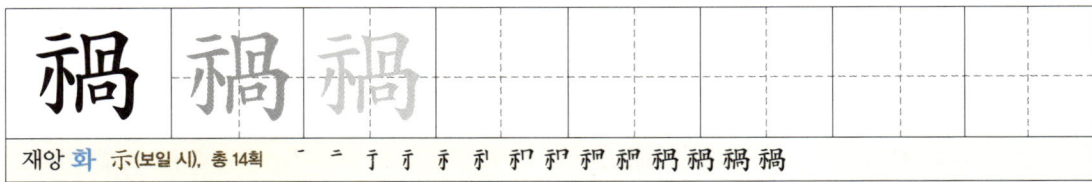

재앙 화 示(보일 시), 총 14획   一 二 亍 亓 示 剂 和 和 和 禍 禍 禍 禍

示(보일 시)+畐(찰 복) 신에게 바치는 가득 찬 술통을 나타낸 글자로, '복'을 뜻합니다.

복 복 示(보일 시), 총 14획   一 二 亍 亓 示 剂 和 和 和 福 福 福 福

생활 속 한자

● 그는 이웃에 물어 가족들의 生死( )를 확인하였다.   ● 앞날에 닥칠 禍福( )을 어찌 알랴!

生死禍福	生死禍福	

尊卑貴賤
존 비 귀 천

『다산천자문』 2권 122쪽

존비귀천(尊卑貴賤)은 사람의 귀함과 그렇지 못함을 이르는 말입니다. 계급에 따라 사람의 가치를 따지는 시대와 사회가 있지만, 사람은 누구나 평등하고 귀하답니다.

글자 풀이

酋(술 추)+廾(들 공) 두 손으로 술통을 들어올린 모양을 나타낸 글자로, '높다'라는 뜻입니다.

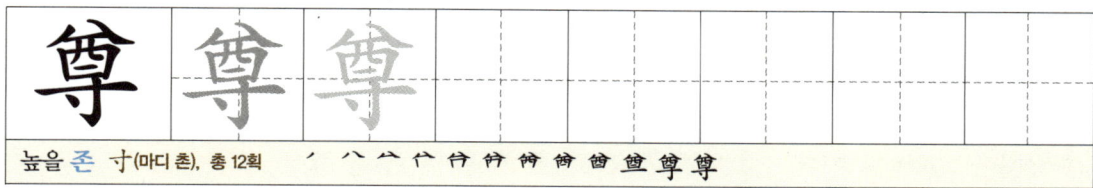

높을 존 寸(마디 촌), 총 12획

제사 그릇에 비해 하찮은 통을 손에 든 모양을 본뜬 글자로, '낮다'라는 뜻입니다.

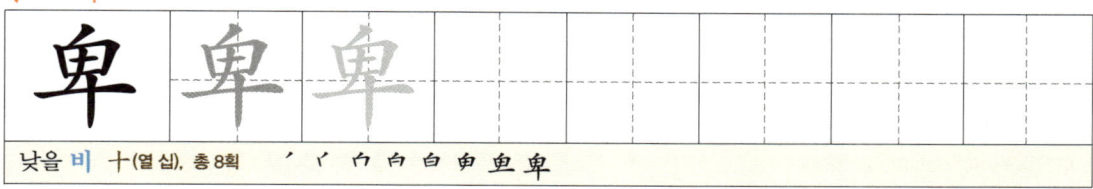

낮을 비 十(열 십), 총 8획

臾(잠깐 유)+貝(조개 패) 재물을 건네는 손의 모양을 나타낸 글자로, '귀하다'는 뜻입니다.

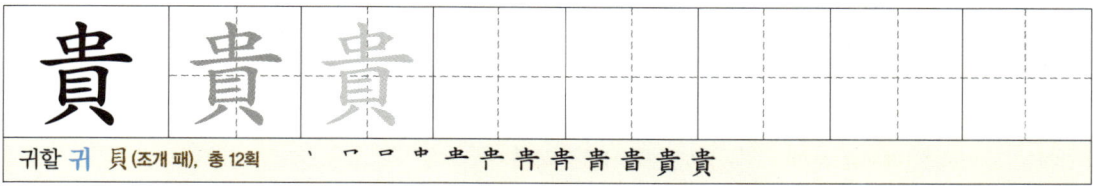

귀할 귀 貝(조개 패), 총 12획

貝(조개 패)+戔(적을 전) 재물이 적다는 의미의 글자로, '천하다'는 뜻입니다.

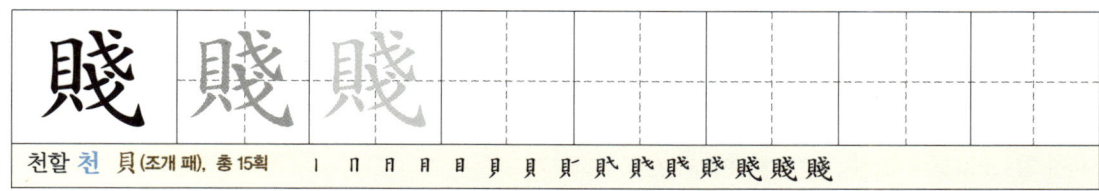

천할 천 貝(조개 패), 총 15획

생활 속 한자

● 그 사회는 尊卑(　)의 위계질서가 분명하다.　● 직업에는 貴賤(　)이 없다.

| 尊卑貴賤 | 尊卑貴賤 | |

24일째

년   월   일입니다.

愚우 慧혜 邪사 正정

『다산천자문』 2권 124쪽

모두 사람의 마음과 관련이 있는 글자들로 우혜(愚慧)는 어리석음과 슬기로움을, 사정(邪正)은 간사함과 올바름을 뜻합니다.

 **글자 풀이**

心(마음 심)+禺(원숭이 우) 원숭이의 마음을 나타낸 글자로, '어리석다'라는 뜻입니다.

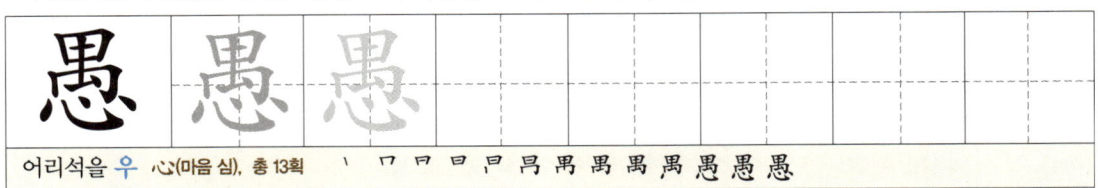

어리석을 우   心(마음 심), 총 13획

心(마음 심)+彗(빗자루 혜) 지혜가 빗자루처럼 촘촘하다는 의미의 글자로, '슬기롭다'는 뜻입니다.

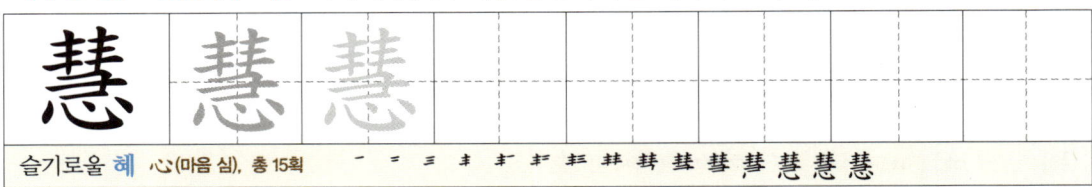

슬기로울 혜   心(마음 심), 총 15획

阝(邑)(우부방)+牙(어금니 아) 바르지 않다는 뜻의 글자로, '간사하다'는 뜻입니다.

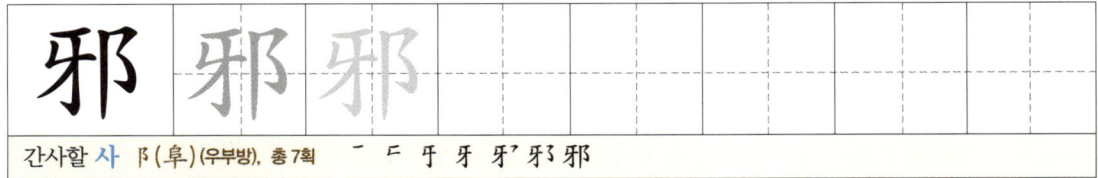

간사할 사   阝(邑)(우부방), 총 7획

口(큰입 구)+止(그칠 지) 다른 나라로 곧장 나아간다는 의미의 글자로, '바르다'는 뜻입니다.

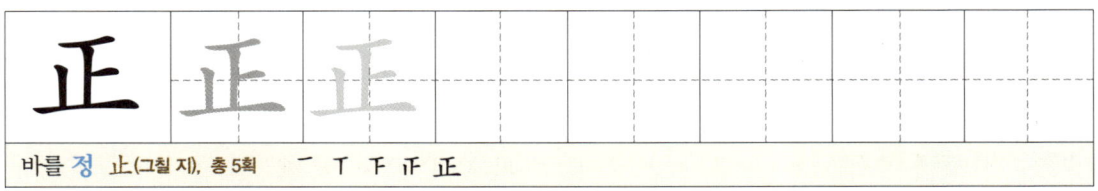

바를 정   止(그칠 지), 총 5획

생활 속 한자

● 愚民(　민)을 교화하다.   ● 그는 앞날을 내다보는 慧眼(　안)이 있다.   ● 일의 邪正(　　)을 가리다.

愚慧邪正	愚慧邪正	

老 少 壯 幼
노 소 장 유

『다산천자문』 2권 126쪽

모두 나이의 많고 적음을 나타내는 글자들로 노소(老少)는 늙음과 젊음을, 장유(壯幼)는 어른과 어린이를 뜻합니다.

글자 풀이

허리가 굽은 노인의 옆모습을 본뜬 글자로, '늙다'는 뜻입니다.

| 老 | 老 | 老 | | | | | | | |

늙을 로(노)   老(늙을 로), 총 6획   一 十 土 耂 耂 老

작은 점을 본뜬 글자로, '적다'는 뜻입니다.

| 少 | 少 | 少 | | | | | | | |

젊을, 적을 소   小(작을 소), 총 4획   ⅃ ⅃ 小 少

士(선비 사)+爿(길 장)   키가 큰 남자의 모습을 나타낸 글자로, '씩씩하다'는 뜻입니다.

| 壯 | 壯 | 壯 | | | | | | | |

씩씩할, 장할 장   士(선비 사), 총 7획   ㅣ ㅓ ㅕ 爿 爿 壯 壯

力(힘 력)+幺(작을 요)   힘이 약한 것을 나타낸 글자로, '어리다'는 뜻입니다.

| 幼 | 幼 | 幼 | | | | | | | |

어릴 유   幺(작을 요), 총 5획   ㄥ 纟 幺 幻 幼

생활 속 한자

● 이 운동은 老少(   ) 누구나 즐길 수 있다.   ● 그는 健壯(건   )하기보다는 幼弱(약)해 보인다.

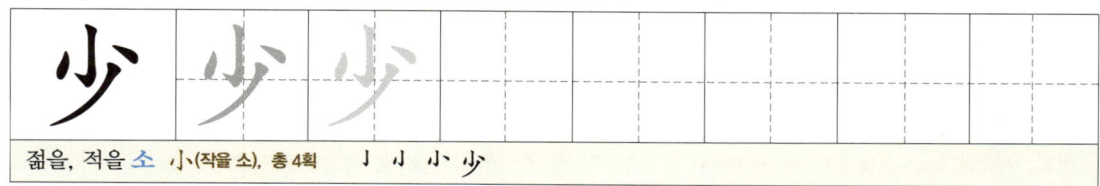

25일째

　　　　　　　　　　　　　　　　　　　년　　월　　일입니다.

從종 違위 離이 合합

『다산천자문』 2권 128쪽

사람과 사람 사이의 관계와 관련 있는 글자들로 종위(從違)는 '따르고 어김'을, 이합(離合)은 '헤어지고 만남'을 뜻합니다.

글자 풀이

彳(辶)(책받침)+人(사람 인)+人(사람 인)　사람이 사람을 좇는 모양을 나타낸 글자로, '좇다'는 뜻입니다.

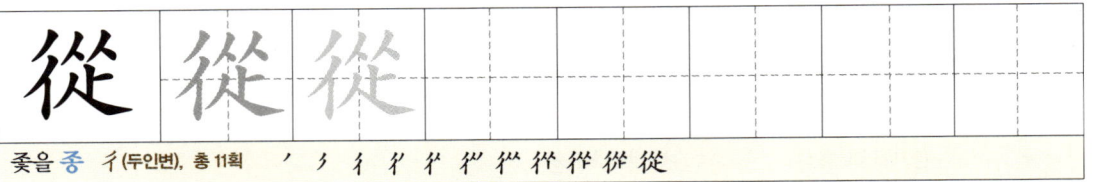

좇을 종　彳(두인변), 총 11획

辶(辵)(책받침)+韋(어길 위)　어겨 떨어지는 모양을 나타낸 글자로, '어기다'는 뜻입니다.

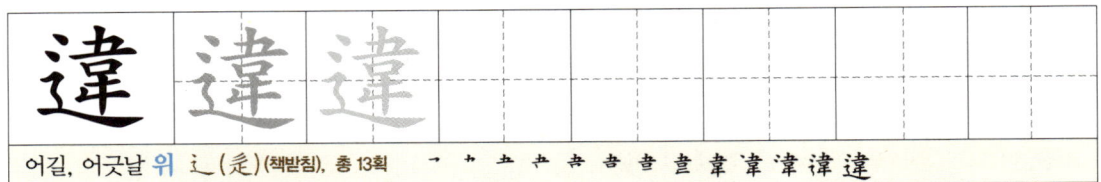

어길, 어긋날 위　辶(辵)(책받침), 총 13획

隹(새 추)+离(떠날 리)　꾀꼬리가 날아가는 모양을 나타낸 글자로, '떠나다'라는 뜻입니다.

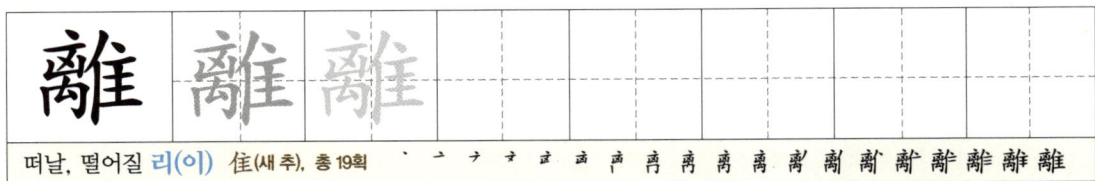

떠날, 떨어질 리(이)　隹(새 추), 총 19획

亼(뚜껑 집)+口(입 구)　그릇에 뚜껑을 덮는 모습을 나타낸 글자로, '합한다'는 뜻입니다.

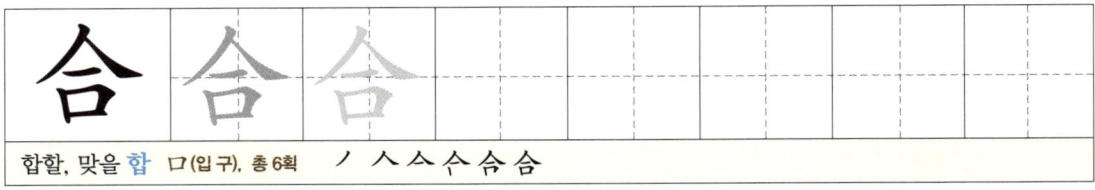

합할, 맞을 합　口(입구), 총 6획

생활 속 한자

● 장군의 명령에 대해 從違(　　)를 결정하라.　● 오묘한 離合(　　)의 이치를 깨닫다.

| 從違離合 | 從違離合 | |

解解 脫탈 休휴 息식

『다산천자문』 2권 130쪽

해탈(解脫)은 얽매임에서 자유로워졌다는 뜻이고, 휴식(休息)은 하던 일을 멈추고 잠시 쉬는 것을 뜻합니다.

 글자 풀이

刀(칼 도)+牛(소 우)+角(뿔 각) 칼로 소의 뿔을 자르는 것을 나타낸 글자로, '벗다'라는 뜻입니다.

解	解	解								

풀 해 角(뿔 각), 총 13획 ' ⺈ ⺈ 角 角 角 角 解 解 解 解 解

月(육달 월)+兌(떨어질 태) 살이 빠져 야윈 모습을 나타낸 글자로, '벗다'라는 뜻입니다.

脫	脫	脫								

벗을 탈 月(육달 월), 총 11획 ノ 刀 月 月 月 ⺼ 脫 脫 脫 脫

亻(사람 인)+木(나무 목) 사람이 나무에 기대 서 있는 모양을 나타낸 글자로, '쉬다'라는 뜻입니다.

休	休	休								

쉴 휴 亻(사람 인), 총 6획 ノ 亻 仁 什 休 休

心(마음 심)+自(스스로 자) 심장에서 코로 빠져 나가는 숨을 나타낸 글자로, '숨쉬다'는 뜻입니다.

息	息	息								

쉴, 숨쉴, 자식 식 心(마음 심), 총 10획 ' ⺈ 竹 自 自 自 息 息 息

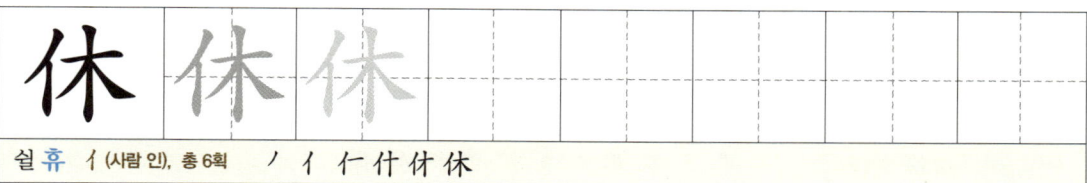 생활 속 한자

● 욕망에서 解脫(　　)하다.　● 10분 동안 休息(　　)한 후 다시 훈련을 시작하겠습니다.

解脫休息	解脫休息	

년   월   일입니다.

孤고 獨독 群군 衆중

『다산천자문』 2권 132쪽

고독(孤獨)은 '홀로 있어 외롭다'는 뜻이고, 군중(群衆)은 '수많은 사람'이란 뜻입니다. 사람은 항상 여러 사람과 어울려 살아가는 존재랍니다.

글자 풀이

子(아들 자)+瓜(오이 과) 아비가 없어 주눅 든 아이의 모습을 나타낸 글자로, '외롭다'는 뜻입니다.

외로울 **고** 子(아들 자), 총 8획   ㄱ 了 子 子 孑 孤 孤 孤

犭(犬)(개사슴록변)+蜀(애벌레 촉) 징그럽게 생긴 개의 모습을 표현한 글자로, '홀로'란 뜻입니다.

홀로 **독** 犭(犬)(개사슴록변), 총 16획   ノ 了 犭 犭 犭 犭 犳 犳 狎 狎 獨 獨 獨 獨 獨 獨

羊(양 양)+君(임금 군) 떼지어 몰려 다니는 양을 나타낸 글자로, '무리'를 뜻합니다.

무리 **군** 羊(양 양), 총 13획   ㄱ ㅋ ㅋ 尹 尹 君 君 君 君' 群 群 群 群

目(눈 목)+乑(많은사람 중) 촌락에 모인 많은 사람들을 나타낸 글자로, '무리'를 뜻합니다.

무리 **중** 血(피 혈), 총 12획   ノ 亻 ケ 冎 血 血 血 乑 乑 衆 衆 衆

생활 속 한자

● 무표정한 얼굴이 무척 孤獨(   )해 보인다.   ● 시위를 하는 群衆(   )이 구름처럼 몰려들었다.

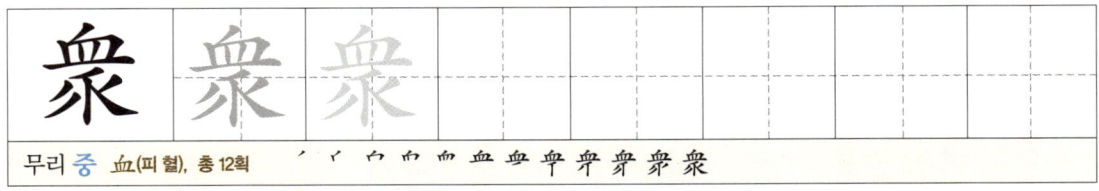

送迎逢別
송 영 봉 별

『다산천자문』 2권 134쪽

모두 만나고 헤어지는 것과 관련 있는 글자들로, 송영(送迎)은 가는 사람을 보내고 새 사람을 맞이하는 것을, 봉별(逢別)은 만나고 헤어지는 것을 뜻합니다.

 **글자 풀이**

辶(辵)(책받침)+关(손들 잉) 물건을 바치듯 건네는 모양을 나타낸 글자로, '보내다'라는 뜻입니다.

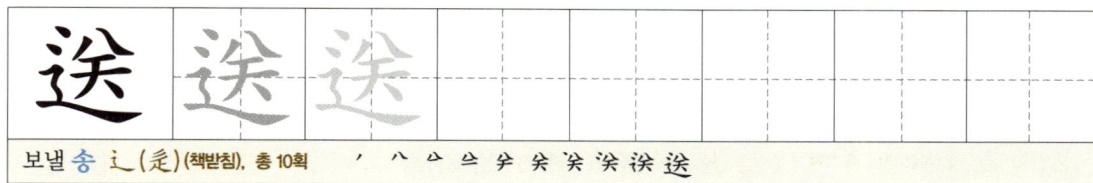

보낼 송 辶(辵)(책받침), 총 10획

辶(辵)(책받침)+卬(우러를 앙) 사람을 긴히 기다리는 것을 나타낸 글자로, '맞이한다'는 뜻입니다.

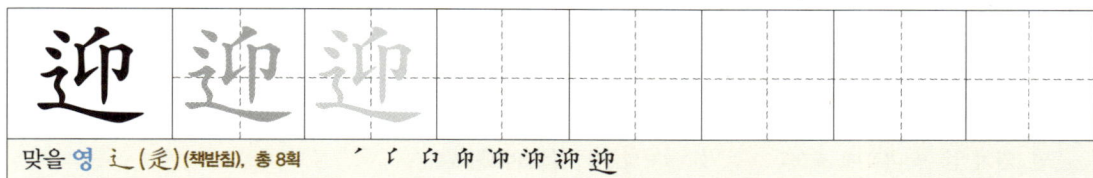

맞을 영 辶(辵)(책받침), 총 8획

辶(辵)(책받침)+夆(만날 봉) 길 가다 우연히 만난 모습을 나타낸 글자로, '만나다'라는 뜻입니다.

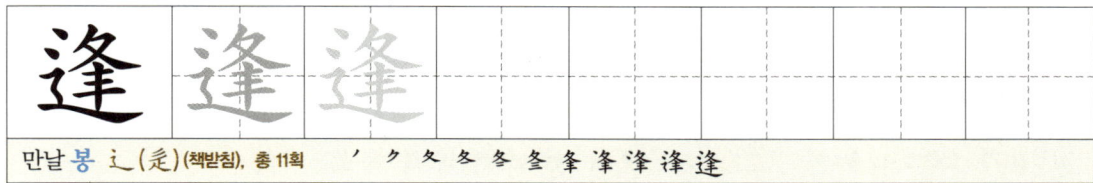

만날 봉 辶(辵)(책받침), 총 11획

冎(살바를 과)+刂(刀)(선칼도방) 칼로 뼈에 붙은 살을 바르는 모양의 글자로, '나누다'는 뜻입니다.

나눌, 다를 별 刂(刀)(선칼도방), 총 7획

 **생활 속 한자**

● 정거장에는 送迎(　　) 나온 사람들이 눈물을 흘리고 있었다. ● 수많은 逢別(　　)을 겪다.

| 送迎逢別 | 送迎逢別 | |

27일째

년   월   일입니다.

婚 혼 姻 인 嫁 가 娶 취   『다산천자문』 2권 140쪽

혼인(婚姻)과 가취(嫁娶)는 모두 결혼과 관련이 있는 단어들입니다. 혼인은 '시집가는 것'을, 가취는 '장가가는 것'을 뜻하지요.

女(계집 녀)+昏(저녁 혼) 저녁에 치르던 혼례를 나타낸 글자로, '혼인하다'라는 뜻입니다.

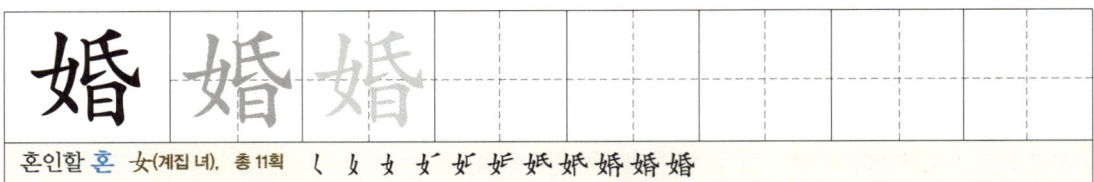

혼인할 혼 女(계집 녀), 총 11획

女(계집 녀)+因(의지할 인) 여자가 의지할 남자를 만났음을 나타낸 글자로, '혼인하다'라는 뜻입니다.

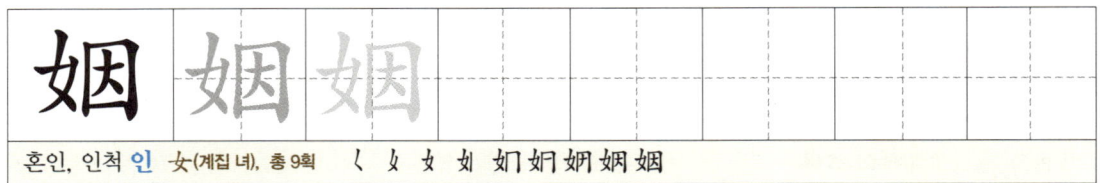

혼인, 인척 인 女(계집 녀), 총 9획

女(계집 녀)+家(집 가) 여자가 남자의 집으로 가는 것을 나타낸 글자로, '시집가다'라는 뜻입니다.

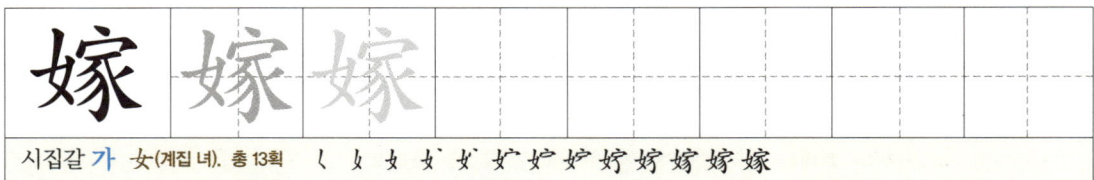

시집갈 가 女(계집 녀), 총 13획

女(계집 녀)+取(취할 취) 남자가 부인이 될 여자를 맞이함을 나타낸 글자로, '장가가다'라는 뜻입니다.

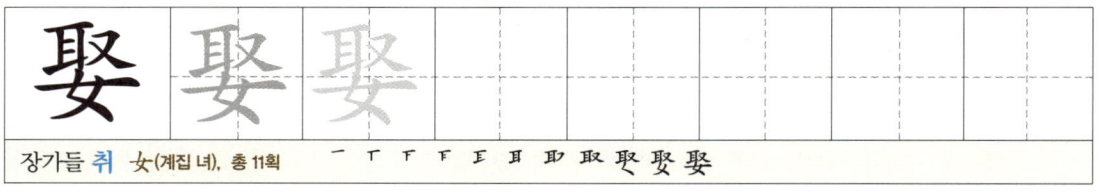

장가들 취 女(계집 녀), 총 11획

생활 속 한자

● 부모 마음대로 婚姻(   )을 정하다.   ● 그들은 어느새 嫁娶(   )할 나이가 되어 있었다.

婚姻嫁娶	婚姻嫁娶	

孕胎產育 잉태산육

『다산천자문』 2권 142쪽

잉태산육(孕胎産育)은 사람이 혼인하여 아이를 낳아 기르는 것과 관련 있는 말입니다. 잉태(孕胎)는 아이를 가지다라는 뜻이고, 산육(産育)은 낳아서 기르다라는 뜻입니다.

글자 풀이

子(아들 자)+乃(이에 내) 태아를 본뜬 글자(乃)에 자(子) 자를 합친 글자로, '아이를 배다'라는 뜻입니다.

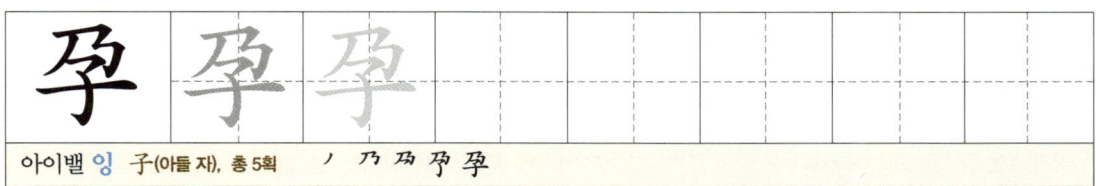

아이밸 **잉** 子(아들 자), 총 5획

月(肉)(육달 월)+台(별 태) 산모의 뱃속에 있는 아이의 모습으로, '아이 배다'라는 뜻입니다.

아이밸 **태** 月(肉)(육달 월), 총 9획

生(날 생)+彦(안료 언) 갓난아기가 안료를 받던 관습을 나타낸 글자로, '낳다'라는 뜻입니다.

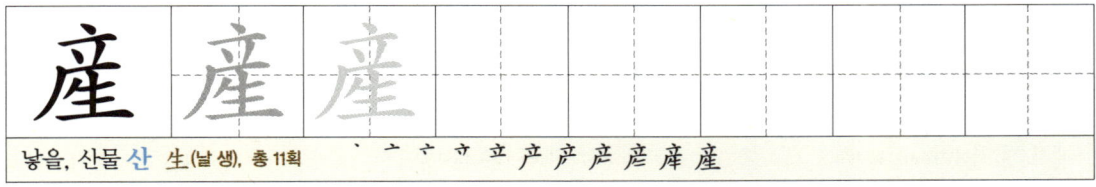

낳을, 산물 **산** 生(날 생), 총 11획

厶+月(肉)(육달 월) 갓난아기 모양을 본뜬 글자(厶)에 육(肉) 자를 합친 글자로, '기르다'라는 뜻입니다.

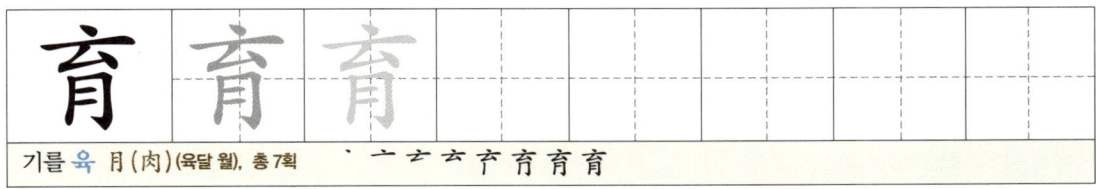

기를 **육** 月(肉)(육달 월), 총 7획

생활 속 한자

● 아내는 정월에 아이를 孕胎(   )하여 가을에 낳았다.   ● 자녀를 産育(   )하는데 온 힘을 쏟다.

| 孕胎産育 | 孕胎産育 | |

년　　월　　일입니다.

葬 장 埋 매 祭 제 祀 사

『다산천자문』 2권 144쪽

장매(葬埋)는 사람이 죽으면 장사를 지내고 땅 속에 묻는다는 뜻입니다. 또 제사(祭祀)는 신령이나 죽은 사람의 넋에게 음식을 바치어 정성을 나타내는 의식을 말하지요.

 **글자 풀이**

死(죽을 사)+艹(艸)(초두)+一(한 일) 풀 위에 놓인 시신을 나타낸 글자로, '장사 지내다'라는 뜻입니다.

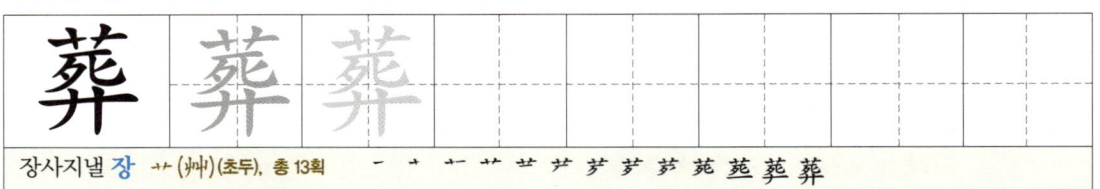

장사지낼 **장**　艹(艸)(초두), 총 13획

土(흙 토)+貍(묻을 매) 흙 속에 무엇인가 묻고 있는 것을 나타낸 글자로, '묻다'라는 뜻입니다.

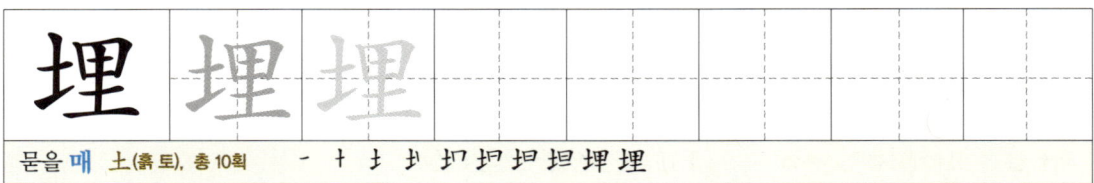

묻을 **매**　土(흙 토), 총 10획

피가 흐르는 고기를 손으로 바치고 있는 모습을 본뜬 글자로, '제사'를 뜻합니다.

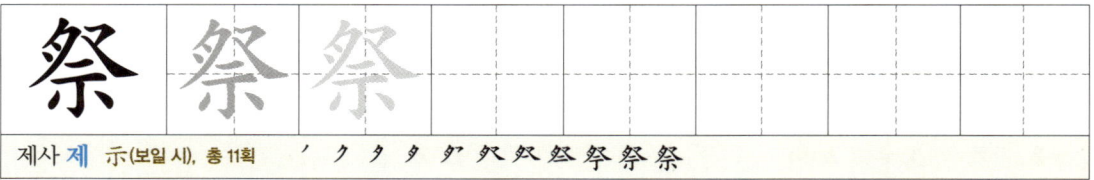

제사 **제**　示(보일 시), 총 11획

示(보일 시)+巳(뱀 사) 뱀의 모습을 한 신에게 제사 지내는 것을 나타낸 글자로, '제사'를 뜻합니다.

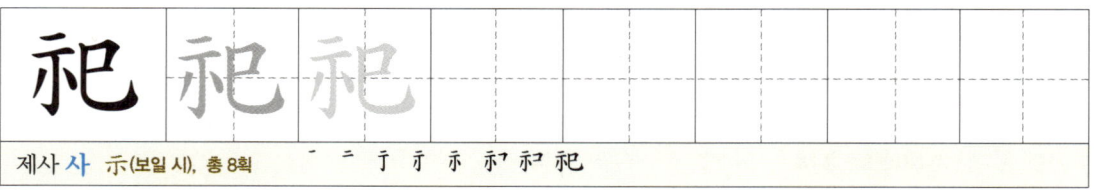

제사 **사**　示(보일 시), 총 8획

생활 속 한자

● 그는 공원 묘지에 埋葬(　　)되었다.　● 祭祀(　　)를 지내러 고향에 내려가다.

| 葬埋祭祀 | 葬埋祭祀 | |

慶경 弔조 賀하 慰위

『다산천자문』 2권 146쪽

사람은 살아가면서 기쁜 일과 슬픈 일을 모두 겪게 됩니다. 그럴 때마다 우리는 서로를 축하하기도 하고 위로하기도 합니다. 그와 관련 있는 말이 바로 경조하위(慶弔賀慰)입니다.

글자 풀이

鹿(짐승 천)+心(마음 심)+夂(천천히걸을 쇠) 기쁨을 축하하는 글자로, '경사'라는 뜻입니다.

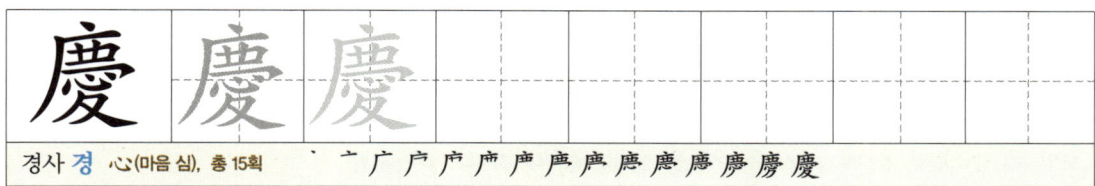

경사 **경**　心(마음 심), 총 15획

人(사람 인)+弓(활 궁) 죽은 사람을 위로하는 물건을 나타낸 글자로, '조상하다'라는 뜻입니다.

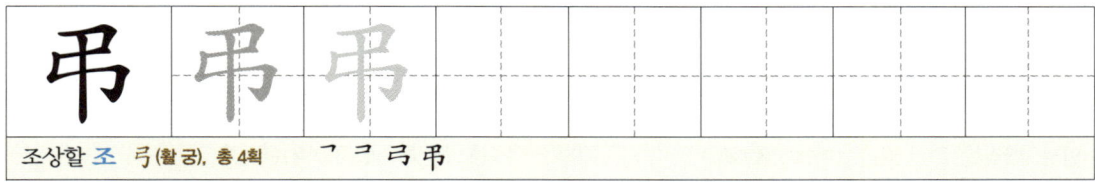

조상할 **조**　弓(활 궁), 총 4획

貝(조개 패)+加(더할 가) 재화를 남에게 주는 것을 나타낸 글자로, '하례하다'라는 뜻입니다.

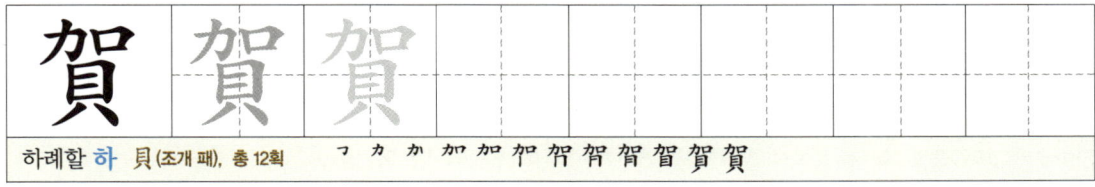

하례할 **하**　貝(조개 패), 총 12획

心(마음 심)+尉(다리미 위) 마음을 따뜻하게 편다는 뜻의 글자로, '위로하다'는 뜻입니다.

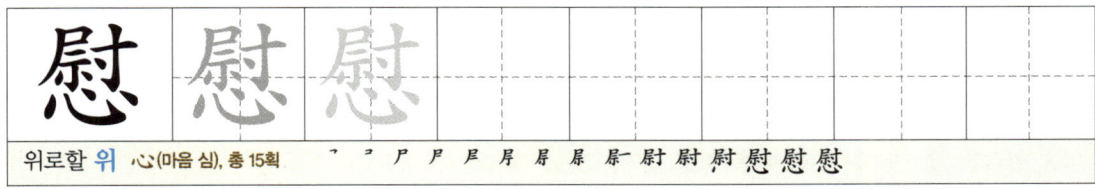

위로할 **위**　心(마음 심), 총 15획

생활 속 한자

● 그는 집안의 모든 慶弔事(　　사)에 늘 참석한다. ● 賀客(　　객)이 많다. ● 慰安(　　안)을 삼다.

| 慶弔賀慰 | 慶弔賀慰 | |

29일째

년   월   일입니다.

會遇盟約
회 우 맹 약

『다산천자문』 2권 148쪽

회우(會遇)에는 두 가지 뜻이 있습니다. 한데 모여 만난다는 뜻도 있고, 오다가다 만난다는 뜻도 있습니다. 맹약(盟約)은 굳게 맹세한 약속을 말합니다.

글자 풀이

 …→ 會 시루에 뚜껑을 덮은 모습을 본뜬 글자로, '모이다'라는 뜻입니다.

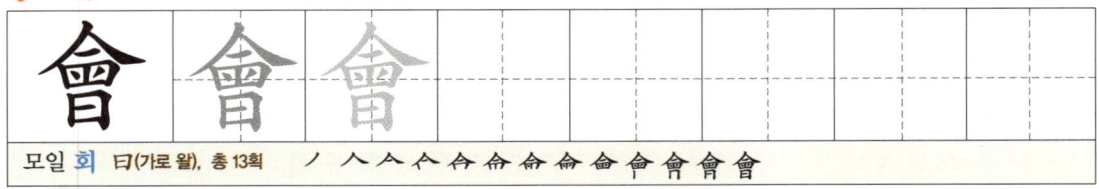

모일 회 曰(가로 왈), 총 13획   ノ 人 人 人 合 合 合 合 合 會 會 會 會

辶(辵)(책받침)+禺(원숭이 우) 우연히 만나게 된 모습을 나타낸 글자로, '만나다'라는 뜻입니다.

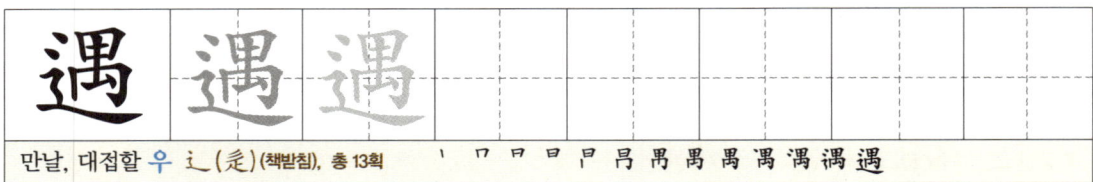

만날, 대접할 우 辶(辵)(책받침), 총 13획   ㅣ 冂 曰 日 甲 禺 禺 禺 愚 遇 遇 遇

血(피 혈)+明(밝을 명) 의심스러움 없이 피로 인연을 맺는다는 뜻의 글자로, '맹세'를 뜻합니다.

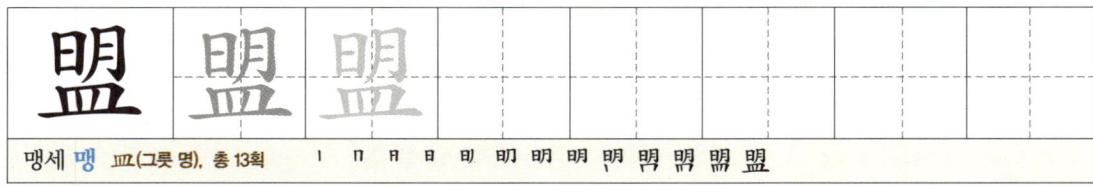

맹세 맹 皿(그릇 명), 총 13획   ㅣ 冂 日 日 日 明 明 明 明 明 盟 盟 盟

糸(실 사)+勺(잔질할 작) 무언가를 실로 단단히 묶은 모양을 나타낸 글자로, '맺다'라는 뜻입니다.

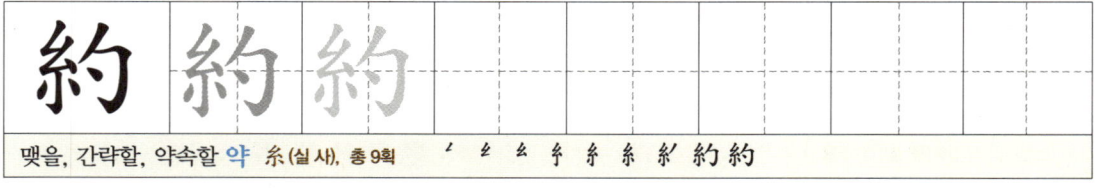

맺을, 간략할, 약속할 약 糸(실사), 총 9획   ノ ㄥ ㄠ 乡 糸 糸 紋 約 約

생활 속 한자

● 출퇴근 버스 안에서 자주 그녀와 會遇(   )한다.   ● 이웃 나라가 盟約(   )을 어기고 침략하다.

| 會遇盟約 | 會遇盟約 | |

應應 對대 沐목 浴욕

『다산천자문』 2권 150쪽

응대(應對)는 부름이나 물음이 있을 때 대답하거나 상대하는 것을 뜻합니다. 무엇을 대한다는 뜻도 가지고 있습니다. 목욕(沐浴)은 머리를 감고 몸을 씻어 내는 것을 말합니다.

글자 풀이

心(마음 심)+雁(매 응) 사냥용 매를 가슴에 품으려는 동작을 나타낸 글자로, '응하다'라는 뜻입니다.

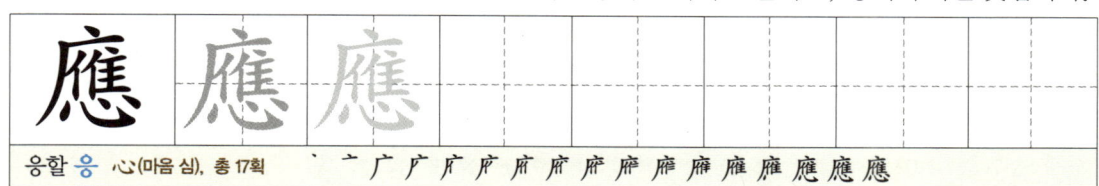

응할 응, 心(마음 심), 총 17획

丵+又(또 우)+口(입 구) 끌을 본뜬 글자(丵)에 우(又)를 합쳐, '대하다'는 뜻을 나타냅니다.

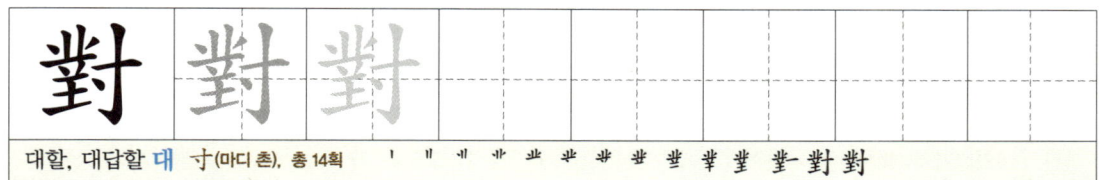

대할, 대답할 대, 寸(마디 촌), 총 14획

氵(水)(물 수)+木(나무 목) 나뭇잎 같은 머리카락을 씻어 냄을 나타낸 글자로, '머리 감다'란 뜻입니다.

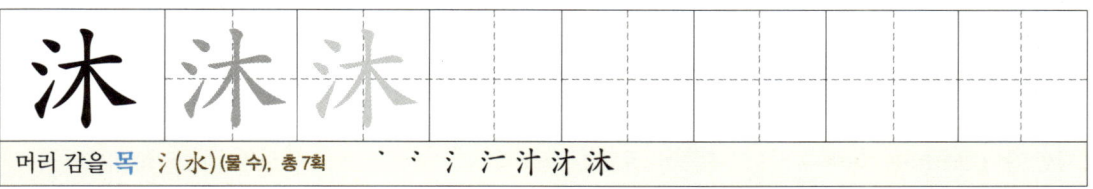

머리 감을 목, 氵(水)(물 수), 총 7획

氵(水)(물 수)+谷(골 곡) 물로 몸을 씻어 냄을 나타낸 글자로, '목욕하다'라는 뜻입니다.

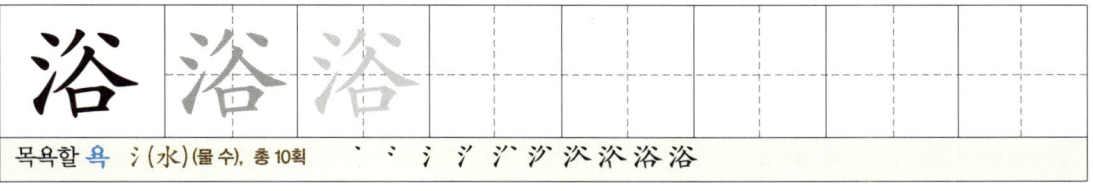

목욕할 욕, 氵(水)(물 수), 총 10획

생활 속 한자

- 그는 어떤 질문에도 應對(　　)하지 않았다.
- 오래간만에 대중탕에서 沐浴(　　)을 했다.

| 應對沐浴 | 應對沐浴 | |

30일째

農농 賈고 匠장 漁어 『다산천자문』 2권 152쪽

년 월 일입니다.

농고장어(農賈匠漁)는 모두 직업과 관련 있는 글자들로, 각각 농사짓기, 장사하기, 물건 만들기, 고기잡이를 뜻합니다.

글자 풀이

林(수풀 림)+辰(별 진) 돌, 조가비로 만든 기구로 땅을 일구는 것을 나타낸 글자로, '농사'라는 뜻입니다.

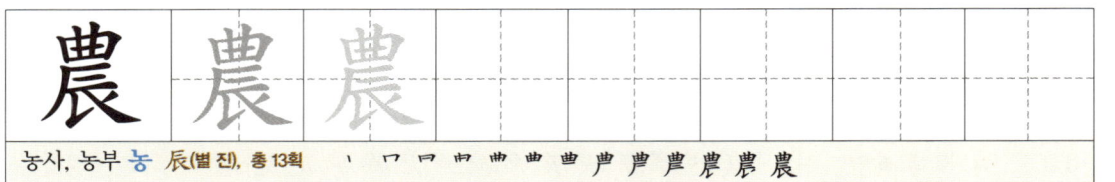

농사, 농부 농   辰(별 진), 총 13획

貝(조개 패)+襾(덮어가릴 아) 값비싼 것을 잘 덮어 보관하는 것을 나타낸 글자로, '장사'라는 뜻입니다.

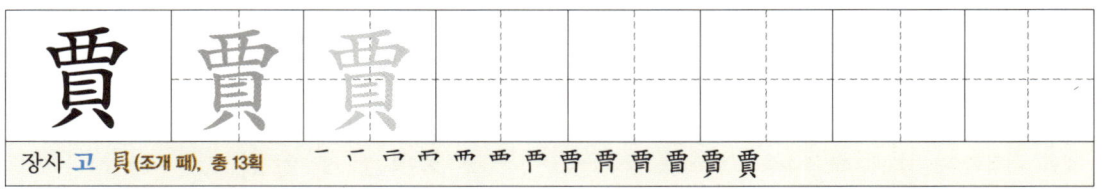

장사 고   貝(조개 패), 총 13획

匚(터진입 구)+斤(도끼 근) 곱자를 본뜬 글자(匚)에 근(斤) 자를 합쳐 만든 글자로, '장인'이란 뜻입니다.

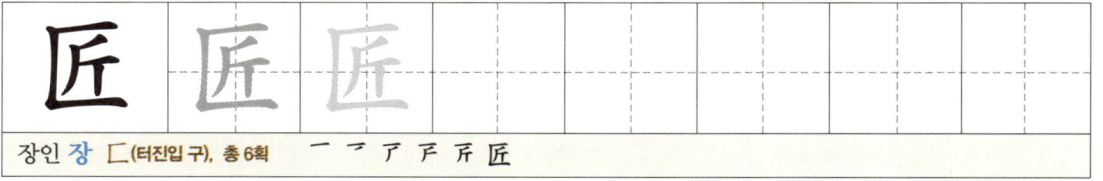

장인 장   匚(터진입 구), 총 6획

氵(水)(물 수)+魚(물고기 어) 물에서 물고기 잡는 것을 나타낸 글자로, '고기 잡다'라는 뜻입니다.

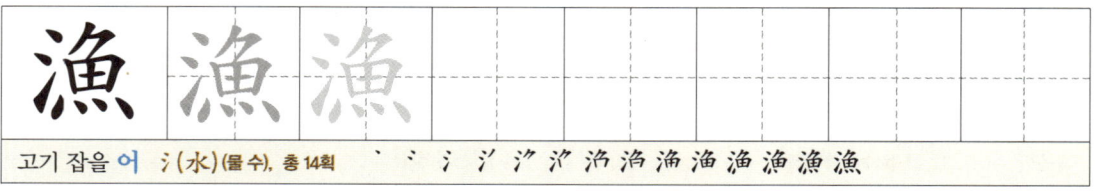

고기 잡을 어   氵(水)(물 수), 총 14획

생활 속 한자

● 農村(　촌)을 떠나는 사람들. ● 미술계의 巨匠(거　). ● 漁夫(　부)의 구성진 노랫가락.

| 農賈匠漁 | 農賈匠漁 | |

耕_경 種_종 收_수 穫_확

『다산천자문』 2권 154쪽

경종수확(耕種收穫)은 모두 농사와 관련 있는 글자들로 '밭 갈고, 씨 뿌리고, 거둔다'는 뜻입니다. 일 년을 주기로 이뤄지는 농사일에 대해 알 수 있게 해 주는 말입니다.

글자 풀이

耒(쟁기 뢰)+井(우물 정) 쟁기로 땅을 가지런하게 한다는 의미의 글자로, '밭 갈다'는 뜻입니다.

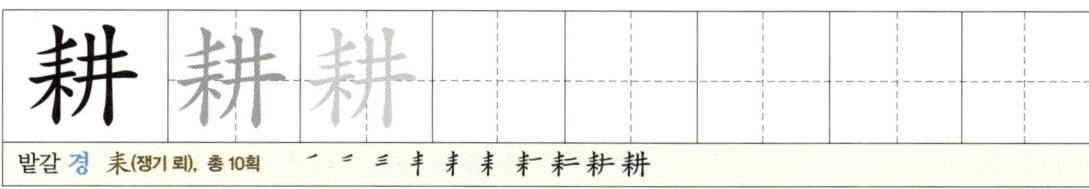

밭갈 경 耒(쟁기 뢰), 총 10획

禾(벼 화)+重(무거울 중) 벼 이삭의 무거운 부분을 나타낸 글자로, '씨'라는 뜻입니다.

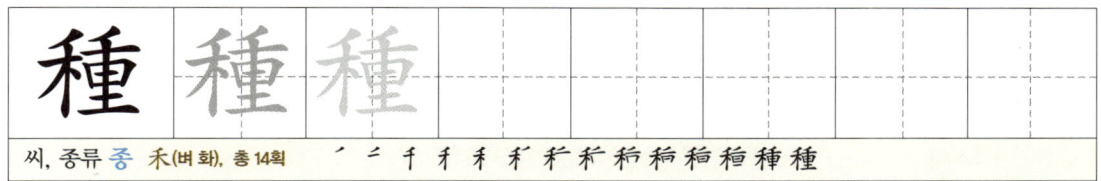

씨, 종류 종 禾(벼 화), 총 14획

攵(둥글월 문)+丩(붙을 구) 물건을 꼭 쥐고 있는 것을 나타낸 글자로, '거두다'라는 뜻입니다.

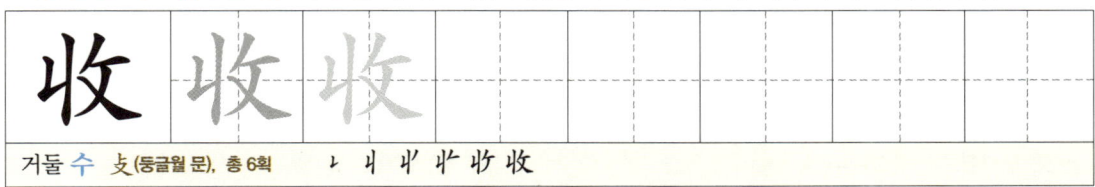

거둘 수 攵(둥글월 문), 총 6획

禾(벼 화)+隻(새 잡을 확) 잘 익은 벼를 수확하는 것을 나타낸 글자로, '거두다'라는 뜻입니다.

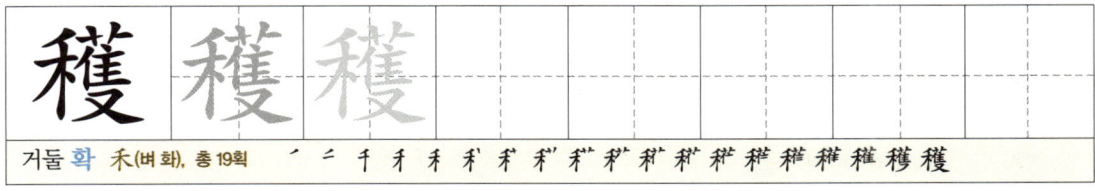

거둘 확 禾(벼 화), 총 19획

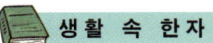
생활 속 한자

● 쌀과 보리 중심의 전통적인 耕種(   ) 양식. ● 일찍 收穫(   )할 수 있는 새로운 벼 품종의 개발.

31일째

년   월   일입니다.

賣매 買매 貿무 販판

『다산천자문』 2권 156쪽

매매무판(賣買貿販)은 장사와 관련 있는 말입니다. 모두 '조개 패(貝)' 자를 부수로 사용하고 있으며, 물건을 사고 판다는 뜻을 갖고 있습니다.

글자 풀이

出(날 출)+買(살 매) 장사를 하기 위해 물건을 쌓아 둔 모습을 나타낸 글자로, '팔다'라는 뜻입니다.

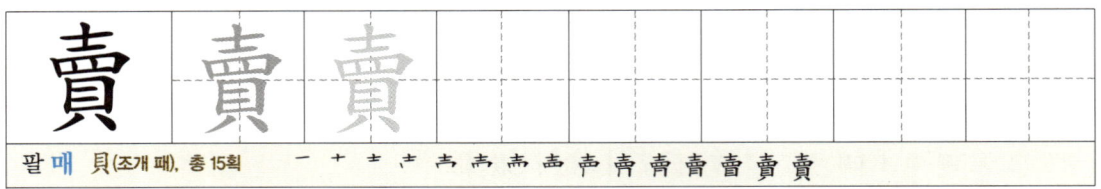

팔 매 貝(조개 패), 총 15획

罒(그물 망)+貝(조개 패) 그물로 조개를 거둬들이는 것을 나타낸 글자로, '사다'라는 뜻입니다.

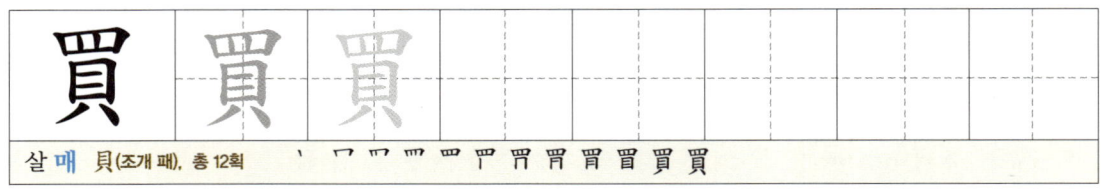

살 매 貝(조개 패), 총 12획

貝(조개 패)+卯(토끼 묘) 조개와 같은 재화를 주고받는다는 의미의 글자로, '바꾸다'라는 뜻입니다.

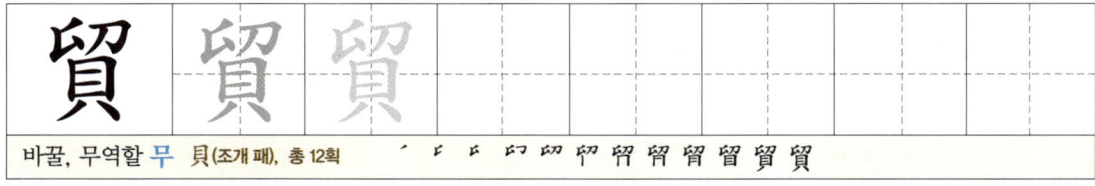

바꿀, 무역할 무 貝(조개 패), 총 12획

貝(조개 패)+反(돌이킬 반) 받은 재화를 다시 건넨다는 의미의 글자로, '팔다'라는 뜻입니다.

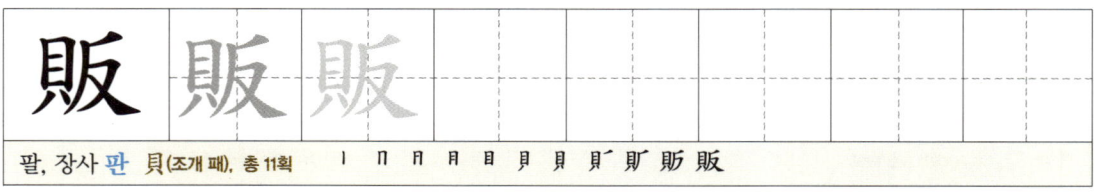

팔, 장사 판 貝(조개 패), 총 11획

생활 속 한자

● 부동산 賣買(   )가 활발하다.   ● 고려는 남송과 인삼을 貿易(역)하였다.   ● 할인 販賣(매).

賣買貿販 賣買貿販

66

紡방 織직 製제 染염

『다산천자문』 2권 158쪽

모두 옷을 생산해 내는 것과 관련 있는 글자들입니다. 방직(紡織)은 실을 뽑아서 천을 짜는 것을 말하고, 제염(製染)은 만들어진 옷에 색깔을 들이는 과정을 말합니다.

글자 풀이

糸(실 사)+方(늘어놓을 방) 길게 늘어놓은 실 모양을 나타낸 글자로, '길쌈'을 뜻합니다.

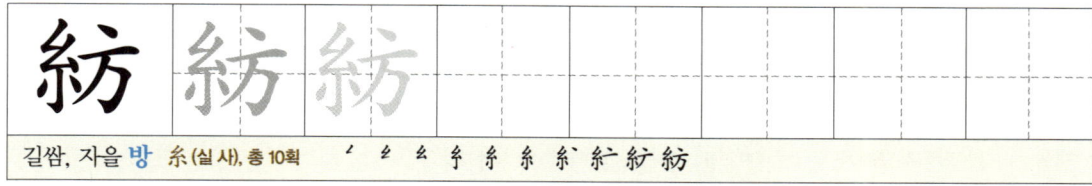

길쌈, 자을 **방** 糸(실 사), 총 10획

糸(실 사)+音(소리 음)+戈(주살 익) 실을 어긋나게 짜는 것을 나타낸 글자로, '짜다'라는 뜻입니다.

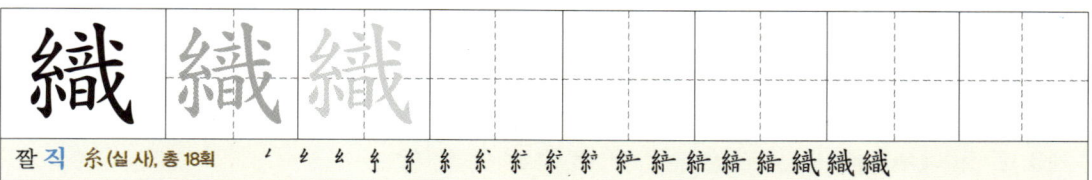

짤 **직** 糸(실 사), 총 18획

衣(옷 의)+制(마를 제) 옷감을 꿰어 의복을 만드는 것을 나타낸 글자로, '짓다'라는 뜻입니다.

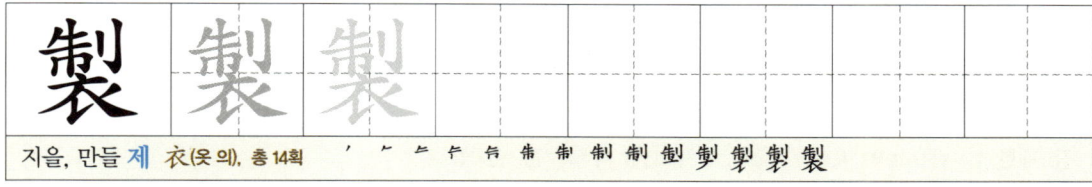

지을, 만들 **제** 衣(옷 의), 총 14획

氿(샘물 궤)+木(나무 목) 물을 들이는 것을 나타낸 글자로, '물들다'라는 뜻입니다.

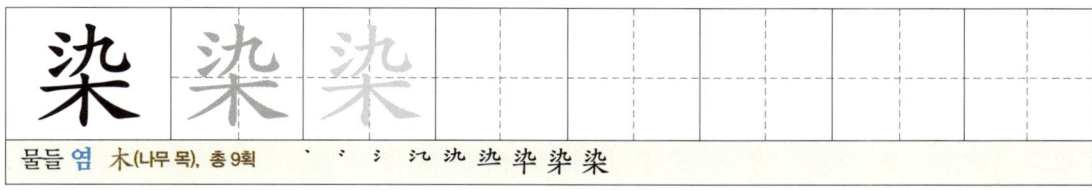

물들 **염** 木(나무 목), 총 9획

생활 속 한자

● 그녀는 紡織(   ) 공장에 다닌다. ● 製品(품) 원료 가격이 오르다. ● 머리를 染色(색)하다.

紡織製染	紡織製染	

67

32일째

財재 貨화 負부 債채

『다산천자문』 2권 160쪽

년   월   일입니다.

재화(財貨)는 재물과 돈이라는 뜻이고, 부채(負債)는 빚을 지다라는 뜻입니다. 옛날 어른들은 빚을 지는 것을 자기 분수에 맞지 않는 어리석은 행동이라고 생각하였습니다.

글자 풀이

貝(조개 패)+才(재목 재) 가치 있는 물건을 지니고 있다는 의미의 글자로, '재물'이란 뜻입니다.

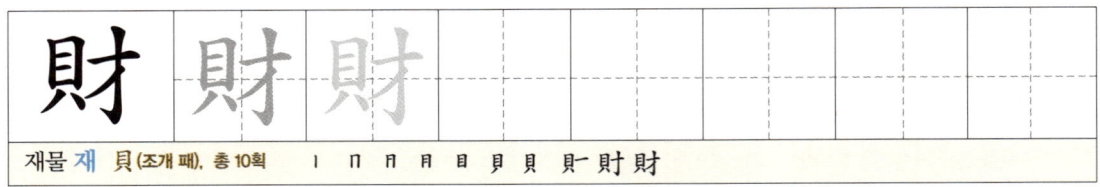
재물 재 貝(조개 패), 총 10획

貝(조개 패)+化(화할 화) 다른 물건으로 바꿀 수 있는 것을 나타낸 글자로, '재물'이란 뜻입니다.

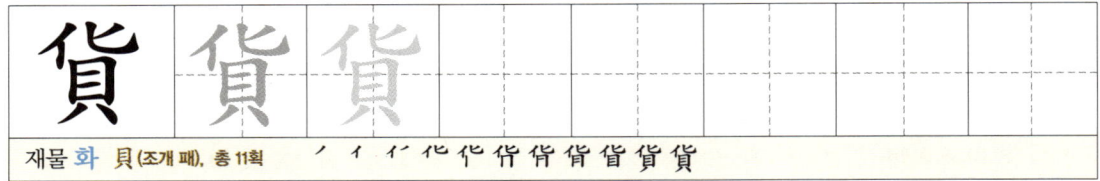
재물 화 貝(조개 패), 총 11획

人(사람 인)+貝(조개 패) 사람이 재물에 의지한다는 의미의 글자로, '지다'라는 뜻입니다.

질, 패할 부 貝(조개 패), 총 9획

人(사람 인)+責(나무랄 책) 빚을 져 나무람을 받고 있는 사람을 나타낸 글자로, '빚'이란 뜻입니다.

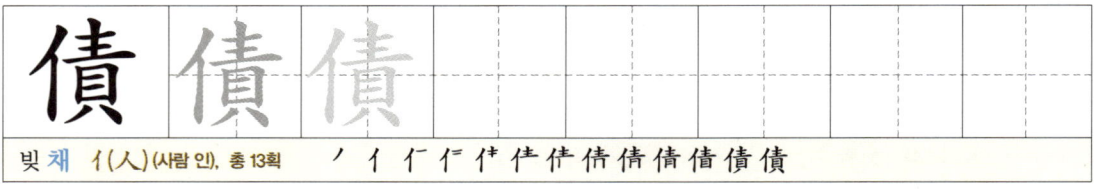
빚 채 亻(人)(사람 인), 총 13획

생활 속 한자

● 욕심쟁이 양반의 창고에는 財貨(   )가 넘쳤다.   ● 사업 실패로 負債(   )에 시달리다.

財貨負債	財貨負債	

68

한번 써 보아요

하루도 빠지지 않고 매일매일 공부했나요?
생각나는 한자가 있다면 자유롭게 써 보세요.